馬鹿ブス貧乏で生きるしかないあなたに愛をこめて書いたので読んでください。

藤森かよこ
Fujimori kayoko

KKベストセラーズ

馬鹿ブス貧乏で生きるしかないあなたに愛をこめて書いたので読んでください。

藤森かよこ
Fujimori kayoko

馬鹿ブス貧乏で生きるしかないあなたに
愛をこめて書いたので読んでください。

目次

Part 1

苦闘青春期（三七歳まで）……43

長いまえがき

本書の著者は低スペック女子の成れの果てである

本書の著者はブスで馬鹿で貧乏である。ただし、鈴木大介の『最貧困女子』（幻冬舎新書、二〇一四年）に描かれているような貧困は知らない。賃金労働をしなければ食べていけないし、大不況や預金封鎖などの社会的経済的大変動があれば、すぐに食い詰めるという意味での貧乏だ。

本書の著者はブスだ。顔やスタイルで食っていけないならばブスだ。「繁華街を歩いていてスカウトされたことがない」なら、立派なブスだ。

本書の著者は馬鹿である。一を聞いて一を知るのが精一杯である。学校の勉強もできなかったし、地頭《じあたま》がいいわけでもない。平々凡々であり、ちょっと努力しなければ、すぐにゴミになる。

本書の著者には、輝かしき幼年期も青春期も中年期もなかった。すべてが悪戦苦闘だった。本書の著者には、輝かしい老年期もないだろう。死ぬまで悪戦苦闘は続く。現代という時代は、ほとんどの人間に敗北感を感じさせる。現代という時代が人間に要求するスペックは高過ぎる。

無理しないで自然に「ありのままに」生きていけばいい？ 「ありのままに」生きていたら、本書の著者はただの廃人だ。

低スペック女子向け自己啓発本がない

本書の著者は、ブスで馬鹿で貧乏であり、何をするにも中途半端ではあったけれども、向上心だけは人並みにあった。だから、若い頃から自分の低スペックを何とかしたくて、手当たり次第に自己啓発本を読み漁《あさ》ってきた。

書物というものは、ただ読むだけでは単なる時間つぶしでしかない。書物に素晴らしい助言や洞察が書かれていたら、それを実践して成果を得なければ意味がない。貧乏なんだから、消費するだけの読書なんかやっていられない。

しかし、本書の著者は、特に成果はない無意味な読書を長年続けたあげく、とうとう気がついた。

本を書く人間というのは、もともとスペックが高い。そーいう人の書く本は、自分のスペックの低さに苦しんでいる人間にとっては役に立たない！　やっと気がついた。だから本書の著者は馬鹿だ。

たとえば本多静六著『私の財産告白』

貧乏な人が読むべき古典的自己啓発本に、本多静六《ほんだせいろく》（一八六六―一九五二）の『私の財産告白』（実業之日本社文庫、二〇一三年）がある。一九五一年（昭和二六年）出版以来、二一世紀の今にいたるまで版を重ねてきた知る人ぞ知る名著だ。

ちょっと話が長くなる。しばし我慢して読んでください。

『私の財産告白』の著者の本多氏は、苦学のすえに東京農林学校（東京帝国大学農学部の前身）で学んだ。ドイツに留学して林学を学んだ。帰国後は、日比谷公園を始めとして日本中のほとんどの大公園を設計し、「日本の公園の父」と呼ばれた。

そもそも明治時代になるまで、日本には「公園」というものはなかった。領主の領地と私有地があるだけで、誰でも無料でウロチョロしていい公園は存在しなかった。だから、現在にまで残る大きな公園を設計した本多氏の業績はすごい。福岡の大濠《おおほり》公園も名古屋の鶴舞《つるま》公園も本多氏の設計による。

そのほかに、本多氏は、東京駅丸の内駅前広場の設計をした。関東大震災からの復興原案も作成した。

本多氏は、ドイツ留学時代に指導を仰いだドイツ人教授の生きかたに感銘を受けた。ドイツの一流大学の教授は、ただの専門馬鹿の浮世離れしている学者ではなかった。自身の自由な学問研究のための金銭管理や資産形成にも怠《おこた》りなかった。

確かに、いまどきの日本の大学の研究者のように、研究費や科研費（文部科学省と日本学術振興会が担当する学術研究助成基金助成金や科学研究費補助金のこと）だの民間の補助金だの寄付だの他人のカネをあてにしていては、真に自由な学問研究はできない。科研費や補助金の審査に通過しやすい申請書を作成しなくては、科研費も補助金も獲得できない。

いくら意義ある研究でも、「大麻の安全性とその有効利用」とか、「疾病《しっぺい》製造装置としての定期集団健康診断」とか「政府崩壊後の社会構築の方法」とか「日本属国脱却法研究」とか「日本支配層とイルミナティの連携」とか「横隔膜《おうかくまく》活用による男性妊娠法研究」というテーマは、おそらく日本学術振興会によって採択《さいたく》されないだろう。

また審査する研究者の専門分野の存在理由を脅《おびや》かす類の研究テーマも採択されないだろう。「文学は価値があるが文学研究は趣味でしかないので、文学研究に科研費投入は公費横領であることを証明する研究」なんて研究は採択されない。審査するのが文学研究者ならば。

ところが、さすがに本多氏は慧眼《けいがん》で独立独歩の気概《きがい》ある方だった。ほんとうの研究者になるには、自分の自由になる自分自身の資産を形成することが必要だと考えたのだから。

で、帰国後は、夫人の協力を得て、「月給四分の一天引き貯金」を実践した。四〇代からは株式投資も始め資産を増やした。山林も購入した。売れる書籍の原稿を毎日一ページ書くことを日課とした。著書は三七〇冊を超えるまでにいたったた。

おかげで、本多氏は海外調査も自費で何度もできた。それも一流ホテルに宿泊した。日本人として堂々と臆することなく威《い》を張るために。公金である科研費を使って海外の学会に出席と言いつつ物見遊山《ものみゆさん》しているような類《たぐい》の現代の日本の大学教授とは、本多氏は志《こころざし》が違った。

なのに、そこまでして築いた資産を、本多静六氏は東京帝国大学停年時には全額寄付した。本多氏は、かくも非凡な研究者だった。

本書の著者は本多氏の生き方に感動した。しかし、本多氏の名著は、本書の著者にとっては猫に小判だった。デブ女にピンヒールだった。

本書の著者は、この名著を何度も読み返した。しかし、月給の二五％預金などできたためしがなかった。こんなに単純なことでさえ実践できなかった。

いかに名著でも、いかに確実な方法が提案されていても、本書の著者のようなスペックの低い人間には実現不可能なのだ。

この世に出版物は多い。しかし、ほんとうにスペックの低い人間にとって実践可能な方法は書いてくれていない。

たとえば上野千鶴子著『女たちのサバイバル作戦』

まてよ、本書の著者は女性なのだから、女性の問題を論じた本を読むべきであって、男性が書いたものでは参考にならないのではないか？

そう思った本書の著者は、女性のための自己啓発書も随分と読んだ。中でも、上野千鶴子氏の著作は一九八〇年代から随分と読んだ。

厳密に言えば、社会学者である上野氏の著作は女性用自己啓発本ではない。あくまでも社会科学の面から見た女性問題を啓蒙《けいもう》的に分析するものだ。

しかし、本書の著者にとっては上野氏の著作は自己啓発本だった。女性がこの世界で遭遇《そうぐう》するであろうさまざまな困難が、より大きな政治や社会や経済の文脈の中で鮮やかに分析されていた。個人の努力では超えることができない問題にぶつかり、自責することしかできなかった女性たちに、上野氏の著述は、より大きな視野を与えてくれた。

本書の著者は上野氏の御著書を読むと、グジャグジャな脳の中がクリアに整理され頭が良くなったような錯覚を起こしたものだった。

あなたが何歳であれ、女性としてのあなたが二一世紀の今現在置かれている政治的経済的社会的状況を把握《はあく》したいのならば、上野氏の『女たちのサバイバル作戦』（文春新書、二〇一三年）は必読だ。

『女たちのサバイバル作戦』には、一九八六年の雇用機会均等法の施行《しこう》から現在にいたる女性を取り巻く労働環境の変化と女性間格差拡大の問題が論じられている。決して楽観的にはなれない日本と世界の現在と未来において、女性がどうあるべきかという提言もなされている。

上野氏は、もちろん政府や企業のすべきことも提言している。女性個人に対しては、経済的には「マルチプル・インカム」をめざすように提言している。要するに、いろんな方法で稼ぎなさいね、ということだ。

上野氏は、自分自身の中に多様性を取り込むことも提言している。組織に終身雇用されて生きる従来の勝ち組の生き方は誰にとっても不可能になりうるという予測のもとに、さまざまなことをして稼ぎつつサバイバルしていくことを推奨《すいしょう》している。

同時に、女性間格差を越えて社会構造的に弱者にならざるをえない女性同士の「共助《ともだす》け」を提唱している。

とはいえ、本書の著者は、上野氏の著作にいろいろ教えられながらも、「やっぱり私の求めるものとは違うなあ」と思わざるをえなかった。

たとえば、いろいろなことができるようになってマルチプル・インカムを達成して稼ぐにしろ、「共助け」できる友人ネットワークを構築するにせよ、本書の著者には無理だ。不可能です。

本書の著者はブスで馬鹿で貧乏だから、いろいろなことができない。何をさせてもうまくできたためしがない。

それから、ブスで馬鹿で貧乏なので、傷つきやすいことが多く、他人とネットワークなど作れそうもない。面倒くさい。そもそも他人があまり信用できない。

ブスで馬鹿で貧乏だからこそ、本書の著者は、人間というものが、いかに悪意に満ちたものであり、くだらない位取り《くらい》(自分のほうがここは上だとか、優れているとか、比較品定めすること)ばかりしがちなことを知っている。本書の著者には、そういう人々の悪意や邪気を包み込めるような大きな人間愛はない。

また上野氏の言う「共助け」とは、相互扶助とか互恵関係だと思われるが、本書の著者は他人に有益な何かを自分が与えることができるとは思えない。

ともかく、ブスで馬鹿で貧乏だと、ついつい自分自身にも他人にも過大な期待はしなくなる。ましてや政府や行政になど。

たとえば田村麻美著『ブスのマーケティング戦略』

ならば、もう少し敷居《しきい》の低い田村麻美の『ブスのマーケティング戦略』（文響社、二〇一八年）ならばどうだろうか。

『ブスのマーケティング戦略』は、自分はブスであると早々と小学校時代に自覚した田村氏の青春の記録だ。『ブスのマーケティング戦略』には、自分を商品として査定し、自分が売れるマーケットを模索《もさく》し、豊かな性体験もキャリアも男も子どもも獲得し、ブログが認められ本まで出版する過程が赤裸々に楽しく描かれている。

この本は実に面白い。無茶苦茶に面白い。これほどに正直で率直な女性用自己啓発本はない！　すべての日本の高校は、女子高校生用課題図書として『ブスのマーケティング戦略』を選ぶべきだ。

が、本書の著者は、この素晴らしい現代日本女性の自己啓発本に対してでさえも引いてしまう。

著者の田村氏は、単なるブス（写真で見る限りそれほどのブスではない）ではない。非常に頭のいい観察力のある女性だ。実行力も行動力も度胸もある。税理士という立派な国家資格も持っている。高校は埼玉県一番の進学校だ。立教大学経済学部出身で、立教大学大学院の博士課程前期（修士課程のこと）も修了している。二〇一八年現在で早稲田大学のビジネススクールに在籍中だ。ＭＢＡ（経営学修士号）取得後は、税理士としてばかりでなく経営コンサルタントとしても活躍する予定の方である。

ブルータス、お前もか。やっぱり、自己啓発本を書くことができる人は高スペックなのだ。

「自分にうそをつくな！　かっこつけるな！　好かれたいんだろう！　セックスしたいんだろう！　その愛欲・性欲を認め、エネルギーにするんだ！」と堂々と書ける女性は非凡に決まっている。

本書の著者には、自分を商品として売り出すマーケティング戦略なんて無理だ。そんな分析力も思考力も実行力もない。だって馬鹿だもん。

自分で書くしかないし老後対策も必要

というわけで、この世に出版物は多いが、ほんとうに低スペック女子にとって共感できるし、実践可能な方法は書いてくれていない……と、本書の著者は、あらためて思った。

本書の著者は、そろそろ自分の人生の果てが先に見えてきた年齢だ。だから、分不相応《ぶんふそう》にもこう思うようになった。じゃあ、何につけても中途半端な低スペック女子向き自己啓発本を誰も書いてくれないならば、私が書こうと。遺書のつもりで書いちゃおうと。

現代日本には、おびただしい数の本が毎日出版されている。そこに本書の著者のような中途半端な馬鹿が書くものを加える意味はない。全くない！

ではあるが、本書の著者には、老後対策として本なるものを書かねばならないという切羽《せっぱ》詰まった事情もある。本書の著者は、退職後に年金生活者になっても、書籍をやたらに注文する癖を矯正できない。せめて本代くらいは稼がなければ食べてゆけない。

しかし、アルバイト的なものにせよ雇われての賃金労働はしたくない。本書の著者は、何につけても中途半端でブスで馬鹿で貧乏であるので、非正規雇用で四年間、正規雇用で三一年間の賃金労働をするのにさえも非常に難儀した。

その楽しくない賃金労働のストレス解消のために収入はほとんど浪費したので、預金額も少ない。

まだ現役で働いている夫がいるので、将来は夫の年金と夫の預金にたかる予定でいたが、その頼りの夫が二〇一八年秋に大腸がんのステージ3Cと診断された。

夫の生存率を高めるべくやれるだけのことを本書の著者はするつもりだが、こればかりは神様の領域だ。

それに加えて、国家財政破綻《はたん》に預金封鎖に新円切り替えで、庶民の預金は没収されるという噂もある。年金破綻もありえるそうだ。

いや、日本の国家財政破綻説などは、国民から税金をさらに収奪したい人々が流すデマであるという見解もある。

どちらが正しいのか、本書の著者にわかるわけがない。

確実に言えることは、本書の著者の老年期も、青春期や中年期と同じく悪戦苦闘になるということだけだ。

やっぱりね。

ということで、収入の道を探るべく、本書の著者は本なるものを書くことにした。

すみません。こんな志《こころざし》の低い理由で本を書くなんて。でも、これが掛け値のない真実です。

本書の著者の紹介

本書の著者の藤森かよこについて紹介する。

私は一九五三年に愛知県名古屋市に生まれた。日本でテレビ放送が始まった年に生まれた。

私は、高校生の頃から、「女だからという理由で損をする気はさらさらない」という意味でのフェミニストだった。自分で稼いで、自分で稼いだ金を好きなように自分のために消費して好きに暮らしたいだけだった。

根が非常に怠惰なので、ほんとうは、好きなように消費できる優雅で気楽な類の家事をしなくていい高級専業主婦になりたかった。

しかし、高収入の安全確実なエリート男を夫として絶対に獲得できるような家柄に生まれたわけではない。「玉の輿《こし》に乗る」ことができる美貌も持ち合わせていない。清貧で誠実な男の専業主婦となり清く正しく美しく慎ましく家事に励む生活をする気は全くなかった。私は清貧にも忍耐にも興味がない。家事はなるべくしたくない。そんな能力も体力もない。

ならば、自分で働いて稼いで食っていかなきゃ。

とはいえ、男女同一労働同一賃金の職は、私の若い当時は教員か医師か弁護士か官僚ぐらいしかなかった。当時の私は言語道断《ごんごどうだん》に無知であり、男女同一労働同一賃金の職種を、これら以外に知らなかった。

これらの職種の中で、何とか私でも就けそうな可能性のある職は教員だった。義務教育の教員は無理だった。子どもには興味がない。保護者と関わるのも真っ平御免だった。残るは高校教員のみ。

それで大学は地元の南山《なんざん》大学の文学部英文科に入学した。当時の南山大学文学部英文科（今はない）の偏差値は六〇ぐらいだったろうか。愛知県の県立高校の英語教員には南山大学出身者が多かった。私には、地元の国立大学の文学部や教育学部に合格する学力はなかった。

有名国立大学か慶応大学か早稲田大学に行く以外は上京させないし、浪人も駄目と父に言われていた。大丈夫だよ、受かるはずないから。

ところが高校の英語教師になるつもりだったのに愛知県立高校教員採用試験に落ちた。高校での教育実習の経験から、私は高校教員の職が勤まりそうもないと察知していた。だから落ちたショックはさほどなかった。

しかし、ならば、さてどうしようか。

すると、大学の英語教員になるという案が浮上《ふじょう》した。県立高校の英語教員の採用試験は狭き門だったけれども、大学の英語教員になろうとする人間の数は少ない。ならば狙《ねら》い目だ。

大学の一般教養課程では英語は必修だ。大学の教員なら、授業があるときだけ出勤すればいいはず。毎日午前九時から午後五時まで働かなくていいはず。ラッシュアワーの電車に乗る必要はないはず。夏休みもあるはず。大学の教員ならば、職場に自分の研究室があり同僚と顔を付き合わせる必要はないはず。世間話しないですむはず。偏屈でいいはず。

ならば大学教員になろうと私は心に決めた。

一九六〇年代や七〇年代は大学の新設も多かった。英語教員の採用が比較的多かった。当時は、インターネットによる英語の自学自習システムもなかった。スカイプでの英会話教育もなかった。英語専門学校へのアウトソーシングなどの外部に英語授業を委託して人件費を抑えることもなかった。どこの大学でも教養課程の英語教師を必要としていたので、雇用はあった。

大学の英語教員になるには少なくとも修士号の取得が必要だと知った。だから母校の大学の大学院文学研究科英米文学専攻（今はない）の修士課程に進学した。

大学院では、英語教育にも文学研究にも興味はなかったので、研究の真似事をするのに難儀した。論文なるものを書くのに非常に苦労した。

論文を書くために買いまくり集めまくった書籍の山を眺めるたびに、「これだけ投資したのだから、絶対に元を取らねばならない！」と自分を励ましながら、どうでもいい論文を書き、どうでもいい研究発表を学会で重ねた。

博士課程で必要単位を取得した後は非常勤講師を何年か続けながら、いくつかの大学に応募した。落選続き。地元の大学の英語教員は地元の名古屋大学出身者のひとり勝ち。もしくは東京や関西の有名大学出身者が有利。そんなあたりまえのことも知らなかった私であった。

大学院の英文学の教授は「女の子は消費のための勉強をするべきであって、就職のことなど考えないように」と言った。失せろ、死ね、馬鹿。

しかし、ソ連のチェルノブイリで原発事故があった一九八六年、私は岐阜市立女子短期大学にめでたく採用された。

私は最終面接まで残ったふたりのうちのひとりではあったが、実のところ選考委員会は私ではない筑波大学出身の候補者を選ぶことを決めていた。当然だ。ところが、面接前日にその候補者が東京の大学に採用された。で、自動的に私が岐阜市立女子短期大学に採用された。奇跡が起きた！

このときの喜びは忘れられない。これで健康保険も年金も大丈夫だ！

私の大学院時代の後輩の女性のひとりは三七歳で自殺している。「年金のこと考えると心配で夜も眠れなくなるんです」と言っていた。私は三三歳で、やっと正規雇用の職に就けた。

とはいえ公立の女子短大なので待遇は悪かった。名古屋から岐阜まで通うのも大変であった。長くいてもしかたないと私は思った。

二年後に名古屋市内の金城学院大学短大部に応募して、一九八八年に採用された。ここでの採用は、選考委員にとって、地元で一番の「名古屋大学出身者より馬鹿だから扱い易くおとなしいだろう」と値踏みされてのものだった。どんな思惑《おもわく》からであろうと採用されれば、こちらの勝ちだ。これで年収は二倍になった。

とはいえ安心はできなかった。当時から短期大学の消滅が予想されていたので、いつまでも短期大学の教員では職を失う恐れがあった。私は、あちこちの四年制大学に応募した。落選続き。やっと、八年後の一九九六年に大阪の桃山学院大学に採用された。四三歳だった。

桃山学院大学は労働条件も非常によく、かつ学生とも楽しく過ごせた。上司や同僚にもややこしいのは少なかった。非常に非常に多忙だったけれども、充実した日々だった。

しかし、年齢も五〇代半ばにさしかかると、ファイトが湧《わ》いてこなくなった。競争の激しい関西地域の中堅私立大学での教育サービス労働や、学内での教務関係や入試関係の仕事や、高校への出前授業などの営業活動をするのに疲れてきた。

二〇〇八年には、すでに教師としてのやる気は消えていた。しかし、五〇代半ばで無職も困る。年金のこともある。

そんな頃に、二〇一一年度より開設の広島県の福山市立大学に移らないかというお話をいただいた。場所を変えれば、やる気のなさに火がつくかもしれないと私は思った。奇しくも、あの三月一一日に大阪から広島県福山市に移動した。しかし、やはり無理だった。やる気もファイトも回復しなかった。健康問題も出てきた。定年退職を一年早め、二〇一七年三月に退職し、今日にいたる。

これが私の履歴です。

本書の構成

この本は三部構成だ。青春期編、中年期編、老年期編と分かれている。老年期編がもっとも短い。私がまだ老人ビギナーだから、書けることに限りがある。ほんとうは老年期をしっかり経験した死後に書くべきだけれども、それは無理。

少女時代編はない。子ども時代や幼い少女時代に留意すべきことは書かれていない。この本を読むあなたは、私と同じく、何をしても中途半端でブスで馬鹿で貧乏の低スペック女子だと思う。だから、子ども時代や少女時代に自己啓発本など読むはずない。

ほんとうは、人生の競争は生まれたときから始まっている。乳幼児の時期の育てられ方は知能の発達に大きく影響を与える。一〇代の頑張りは充実した二〇代を作る。

私の場合は、生まれてから三〇歳過ぎるあたりまで無知蒙昧《むちもうまい》であったので、その後にいろいろあがいても、遅れを取り戻すことは無理だった。まあ、しかたない。馬鹿で生まれ育ってしまったのにも何らかの意味はあるのだろう、と思うしかない。だからこそ、見える風景もあるのだろう。知らんけど。

本書は「おすすめ本ガイド」でもある

本書では、読めば有益な書籍もテーマに沿って紹介してある。すべて私が実際に読んで面白いし有益だと思った書籍ばかりだ。

世に「おすすめ本ガイド」的書籍は多く出版されているけれども、私からすると、著者の方々が取り上げる本は立派過ぎる。古今東西《ここんとうざい》の古典を並べられても困る。

大手新聞が年末に知識人に発表させる類の「今年の三冊」なども敷居が高い。誰が読むんだ、あんなマニアックな本。新聞の書評欄も見栄を張っている感じ。読まずに書いている書評もある感じ。

世評の定まった名著ではなく、気楽に読める類の一般書は「雑本《ざっぽん》」と呼ばれる。「雑本」だからといって内容が薄いとは限らない。有益でないとは限らない。人生を変えてくれる本が古典的名著ではなく、古書店の店先で一〇円や五〇円で売られている「雑本」と呼ばれる類のものであることは、実際に多いのだ（と思う）。

基本はひとり

この本を手にしているあなたの立場はいろいろでしょう。独身かもしれない。既婚かもしれない。内縁関係かもしれない。同性愛者かもしれない。子どもがいるかもしれない。子どもがいないかもしれない。養子を育てているかもしれない。

この本は、女性のさまざまな境遇の違いを敢えて無視している。どう生きるにせよ、あなたが自分で自分の人生に責任を負わねばならないことは同じだ。独身も既婚も子持ちも子なしも関係ない。

どっちみち死ぬときは、ひとりだ。家族に囲まれてご臨終だろうが、孤独死だろうが、大地震で瓦礫《がれき》につぶされようが、核ミサイルによって蒸発しようが、大差はない。

死ぬ瞬間に、あなたが自分の人生を肯定できるかどうかがポイントだ。何をするにしても中途半端でブスで馬鹿で貧乏だけれども、この人生ゲームを捨てずに逃げずによくやってきたね！ 健気《けなげ》だったね！ と自分の頭をナデナデできるかどうかがポイントだ。

この本には、あなたにとって不快なことも書かれているかもしれない。ブスで馬鹿で貧乏なあなたは、ただでさえ不用心に無思慮に生きるはめになりやすい。そんなあなたが、それなりに世の中を渡っていくための大雑把な指針が、この本には書かれているのだから、耳障《みみざわ》りなはずだ。

前もって書いておく大指針

この「長いまえがき」の最後に、ブスで馬鹿で貧乏なあなたが常に常に留意しておくべきことを書いておく。

ともかく、現実と幻想をゴッチャにしないこと。これは、現実なのか、自分の思い込みや願望に過ぎないのか、世間に流通している類のほんとうは根拠のないファンタジーでしかないのか、常に考えること。

一般通念とかその時代の支配的考え方は、所詮はファンタジーであるかもしれないと常に疑うのは、馬鹿なあなたにとっては面倒くさいことだ。でも、あなたは馬鹿で貧乏だからこそ、この種の一般通念に騙されやすい。どうでもいいことに悩みやすい。

現実とファンタジーを区別するということは、自分にできることとできないことを区別するということでもある。自分はひとかどの人間だとか有能だとか善意の塊《かたまり》とか錯覚しないことだ。

カネがないとできないことを、カネがないのに、カネの合法的調達もできないのに、しないことだ。これは、個人でも組織でも同じことだ。私たちは政府ではないので、通貨発行権はない。

こんなことあたりまえだと思いますか？　ところが、あなたはブスで馬鹿で貧乏なので、こんなあたりまえのことがわからないし、できない。何とかわかり、できるようになっても、ちょっと油断すれば、元のように脳の中は現実とファンタジーがゴッチャになる。だって馬鹿だもん。

ただし、時には、自己治癒《ちゆ》活動としてファンタジーの中に逃げ込むことも必要だ。健康にいかに悪くとも、甘い食べ物が必要なときがあるように。現実を直視するエネルギーを取り戻すために、逆説的に現実逃避もしなければならないときがある。

私も疲れると、現実逃避でアニメの『キングダム』を視聴して、空元気《からげんき》をつける。心が乾燥すると、韓国テレビドラマの傑作の『トッケビ』を視聴して、ロマンチックな優しい気分になる。

また、現実の状況を超えるためのヴィジョンという積極的ファンタジーも必要だ。この種の積極的ファンタジーは昔から「理想」と呼ばれてきた。

私は、この世に救済《きゅうさい》はないしユートピアも実現しないと思ってる。なのに、人類は匍《ほ》匐前進《ふくぜんしん》ながらも「理想」に向かっているとも信じている。矛盾している。矛盾していたっていい。私が矛盾していたって、誰にも迷惑はかからない。

現実はいつも泥臭くダサくて哀しく矮小で貧乏くさくて意味不明だ。でも大丈夫。馬鹿でもブスでも貧乏でも、きちんと生きていれば、そんな現実を受け入れ愛することができるようになる。疲れたら、ちょっとの間だけファンタジーに逃げ、元気になったら、また現実とおつきあいすればいい。

では、ゆっくりのんびりじっくり私のつっこみどころ満載《まんさい》の長話を読んでやってください。読んでいる最中にむかついても、最後まで読んでください。

二〇一九年夏

藤森かよこ

Part 1

苦闘青春期

（三七歳まで）

1・1 容貌は女の人生を決める

低スペック女子の青春は寂しい

青春期は寂しい。何者でもない自分を直視するのは寂しい。寂しさを忘れていられるほど、あなたは面白いことを見つけることもできない。面白いことに集中できない。そもそもが馬鹿ですから。

その上、あなたはブスで貧乏だ。いかほどに寂しいことか。

現代の日本では平和が続いたおかげで、日本人はボンヤリしていても生きていける。だから感受性が磨かれていない。センサーが機能していない。目に見えないけれども存在する何かへの想像力が養われていない。多くの現代日本人にとっては、目に見えないなら存在しない。

したがって、あなたがブスではあるが心は美しいと自負していても、その美しさは誰にも認識されない。あなたの豊かで美しい内面を想像する義務など他人にはない。あなたはブスだから、誰もじっと見たくないので、あなたを見ない。あなたは、ブスのままでいると存在しない。それでは寂しいに決まっている。

それから、あなたは貧乏なので、金銭で入手できる気晴らしや享楽そのものが不足しがちだ。それも、あなたが寂しい理由だ。

とはいえ、あなたは、ブスで馬鹿で貧乏であっても、感受性はある。無駄に一〇本ぐらいアンテナは立っている。だから、この本も手にしている。だから傷つきやすい。時には、あなたは、あまりにも独りぼっちだから、病気になりそうな気がする。

ほんとうは、独りぼっちであることは悪いことでもないし回避すべきことでもないのだけれども、あなたは孤独を怖がっている。

この世間は集団行動で満ちている。テレビを見れば、楽しそうな家族やカップルや仲間の映像がＣＭに映し出される。まるでみんなパーティばかりしているかのように見える。

ＳＮＳに投稿される写真も、楽しそうな会食シーンばかりだ。ああいうものを四六時中眺めていると、自分が独りで食事していることが異常で惨めに思える。

しかし、あのようなものはファンタジーでしかない。世の中をちゃんと観察すればいい。パーリーピーポー（パーティ大好き人間）なんて、いまどきアホな大学生でもあまりいない。みなアルバイトで多忙だ。学費も高いので、講義をサボって留年などできない。奨学金の返済のためにサッサと就職しなければならない。企業研究は一年生のときから始めなければならない。

パーリーピーポーといっても、せいぜいは飲み放題三千円で不味《まず》いもの食べて楽しいフリしているだけだ。持ち寄りのポテトチップスの袋を開けて食べているだけだ。話す内容も空虚な時間つぶしだ。そんな集団行動につきあうぐらいなら、ひとりでいるほうがいい。

お前のような馬鹿の言うことなど信じられないと思う方は、諸富祥彦《もろとみよしひこ》の『孤独であるためのレッスン』（ＮＨＫブックス、二〇〇一年）を読んでみよう。ひとりでいることは悪いことでも恥ずべきことでもないとわかる。

森博嗣《もりひろし》の『孤独の価値』（幻冬舎新書、二〇一四年）も読んでみれば、ひとりでいることの充実について納得がいくと思う。

ブスで馬鹿で貧乏だと、もっと貧乏になる

とはいえ、今のあなたは、まだまだ孤独がいやだと思う。ならば、とりあえず、まずは他人から目に見える存在になろう。自分自身を可視化させよう。つまり、あなたのブス度を低下させせよう。

何度も言う。青春期のあなたにとって、青春期が寂しい理由の大きなひとつは、あなたがブスだからだ。外見がすべてということは、特に若い女性に関しては真理過ぎる真理だ。私は偽善的な気休めは書かない。

若くしてブスで馬鹿でも、生家が貴族とか財閥とか資産家で確実に確実に生涯食いっぱぐれがない場合は、ブスで馬鹿なままでいい。

しかし、貧乏な庶民でブスで馬鹿だと、さらに貧困になる。

馬鹿だと生活保護の申請もできない。申請書類は相当にややこしい。一度、大田のりこと河西保夫《かわにしやすお》（監修・大山典宏《おおやまのりひろ》）の『プチ生活保護のススメ』（クラブハウス、

二〇〇九年）を読んでみよう。「生活保護法による保護申請書」とか「収入申告書」とか「資産申告書」とか、いろいろ作成しなければならない。

自分で長年の間に掛け金を払い込んできた年金でさえ、自分で申請しないと給付されないのが日本だ。かつ申請書類は多くややこしい。

貧乏な庶民でブスで馬鹿な女性は、「女性の最後の仕事」であるセックスワーカーにもなれない。

中村淳彦《なかむらあつひこ》と鈴木大介《すずきだいすけ》の対談集に、『貧困とセックス』（イースト新書、二〇一六年）がある。この対談集によると、かつては、アダルトビデオ界参入は、若い女性が食べていくための最後の手段のひとつだった。風俗しかり、売春しかり。そこでしっかり稼いで貧困から抜け出す女性も少なくなかった。ところが、最近は事情が激変したらしい。

長引く不況のせいで、偏差値の高い有名大学の学生や大学院生が、一般的なアルバイトより費用対効果が高いアダルトビデオ界に参入する例が多くなった。

奨学金（という名の借金）を借りていたら卒業後の返済が厄介だ。完済するのに二〇年間ぐらいかかる。だから、在学中は「女子大学生ブランド」を駆使して、アダルトビデオ界でも風俗産業でも稼ぐ。かつ、学業にも手を抜かず、企業研究や就活にも手を抜かず、卒業したらセックス産業界からサッサと去る。

おかげでアダルトビデオ界でも風俗業界でも売春業界でも、雇用される女性のスペックが高くなってしまったというわけだ。

中には、慶応大学や東京大学大学院在籍時代にアダルトビデオに出演した体験を元に修士論文を書き、その論文を元に『「AV女優」の社会学　なぜ彼女たちは饒舌《じょうぜつ》に自らを語るのか』（青土社、二〇一三年）を出版した女性もいる。鈴木涼美《すずきすずみ》さんだ。

良家の子女が、学費を稼ぐ必要もないのにAV女優になるのか。そんな時代なのか。ともかく、このような女性たちの活躍によって、かつてのような低学歴で貧困で頼れる家族も誰もいない女性たちの最後の職場が収縮してしまった。

同じことを、前述の鈴木大介氏は『最貧困女子』においても言及している。いまどきの風俗では雇用してくれない低スペック女子は、五千円と引き換えに売春をするしか食べる手段がなくなっているそうだ。

そこそこのスペックのある女性は、普通の会社勤務をしながら、週に一回のセックスワークをこなし家計補助ができる。そのような実例も、鈴木氏は紹介している。

低スペック女子にとっての最後の職場が収縮している背景には、アダルトビデオとか風俗とかのセックス産業が前ほど儲からなくなっているという状況がある。この業界自体の衰退と長引く不況による雇用の悪化という状況がある。セックスワーカーに支払う金がないなら、パソコンやタブレットやスマホで性交動画を無料で視聴すればいいのだから。

警察や当局の取り締まりも厳しくなっている。暴力団間でやりとりする表に出ない九兆円（?）と予想される現金を捕捉《ほそく》して税金をかけたい国税庁（財務省）の意を汲んだ警察の暴力団つぶしのために、暴力団関連の売春業界にまで警察が一層に取締りを強化しているそうだ。

ともかく、昨今のセックス産業に参入する女性の高スペック化のために、ブス（デブも含む）は、ほんとうに貧困から抜け出せなくなっている。

若いくせにデブでブスが危ない。若いときにブスでデブであることのリスクは大きい。なんとなれば、人生における生活費獲得競争の緒戦《しょせん》は、遅くとも三七歳までで終わるから。それまでに定職に就くなり、自営を軌道に乗せれば、貧困状態には落ちない。

しかし、若くしてデブでブスは企業には採用され難い。雇用側は、職場において、デブでブスの女の子にウロチョロされたくない。男性労働者の士気《しき》が下がる。

だから、ブスは専門職に従事できるように勉強するしかない。しかし、あなたは専門職に従事するには頭が悪い。『ブスのマーケティング戦略』の著者の田村麻美さんのように税理士試験に受からない。国家資格なんて無理。

美人は食ってゆける。馬鹿でも食ってゆける。「ずるい！」と言ってもしかたない。「まともな男」を捕まえて結婚すれば食ってゆける。まともで騙される男は、いくらでもいる。二〇年後や三〇年後にデブになろうがブスになろうが大丈夫だ。「妻がデブでブスになった」という理由では離婚できない。「夫の足が異常に臭い」という理由では離婚できないのと同じように。

美人ならば、愛人稼業でも食ってゆける。「後妻業」でも食ってゆける。水商売で成功することもできる。ニッチもサッチもいかなくなったら、セックス産業もある。でも、ブスにはその手も使えなくなった。

本格的ブスは美容整形手術を受ける

私は、本格的なブスで馬鹿で貧乏な女性には、美容整形手術を薦める。医療技術で是正できるのならば、どんどんその技術を有効利用すべきだ。青春期のブスの女性は、借金してでも自分の顔を構築しなおすことだ。

本格的ブスの親は、責任を持って娘の美容整形手術代を負担するべきだ。製造者責任というものがある。冗談で言っているのではない。

ただし、美容整形外科医の選択は重要だ。医師もピンからキリまである。よくリサーチして医師と病院を選ぼう。費用が安いからという理由で、外国に行って手術を受けないように。安かろう悪かろうだ。

言うまでもないことだが、あなたがブスで、かつ常軌を逸したデブならば、まずは絶対に痩せるべきだ。デブになると、すべてが台無しになる。デブは疲れやすい。デブは何を着ても似合わない。デブは見てるだけで暑苦しい。デブでいると、人生を投げやりに生きてきたように見える。子どもの頃からスナック菓子しか食べてこなかったように見える。つまり親が馬鹿で無教養であったと思われる。

言いたくないけれども、デブは時に社会の迷惑でもある。夏場は、いかにも暑そうで、見る者に不快感を与える。新幹線の席の隣にデブが座ると非常に窮屈だ。飛行機の座席の隣にデブが座ったら悲劇だ。

美容整形手術をしたくないか、できない場合

とはいえ、あまりに貧困で、優秀な美容整形外科医から手術を受けることもできない場合は、どうするか。手術費用を貯金するのに時間がかかりすぎる場合は、どうするか。どうしても美容整形手術に抵抗を感じる場合は、どうするか。

その場合は、自分の「コスモを上げる」しかない。敢えてブスを引き受けて明るく堂々と生きる自分を創るしかない。他人の目を気にしない水準まで自分の精神を上げるしかない。

そのためには、是非とも水野敬也《みずのけいや》著『顔ニモマケズ』（文響社、二〇一七年）を読もう。この本は、先天性の病気のために顔が変形している人や、アルビーノ（白子《しらこ》）の人など九人からのインタビュー記事で構成されている。彼らや彼女たちが、「見た目が九割の現代社会」において、どう生きてきたのかを探っている。この本はあなたに生きる勇気を与える良書だ。

ところで、これも事実だが、酷《ひど》いブスと言っても、見慣れてしまえばどうということはない。私が小学生低学年の頃に、顔面が火傷《やけど》で目鼻立ちがよくわからないような顔立

ちの女性が、近所の文房具店の奥さんだった。はっきり言って「お化け」に近い顔立ちだった。親から聞いた話によると、その奥さんは「広島の原爆の被災者」だったそうだ。昭和三〇年代のことだ。

しかし、私はその奥さんのことをイヤだとも怖いとも思わなかった。その奥さんは、いつも和服を身につけ割烹着《かっぽうぎ》をつけていた。その姿が子ども心に見ても優雅だった。立ち居振る舞いに品があった。言葉使いが非常に優しかった。魅力のある女性だった。だから、私はその文房具店に行くのは楽しみでもあった。

まあ、あなたがブスでデブだからという理由で、あなたに冷たくする人間など相手にしなくても生きてはいける。これは事実だ。そんなこと気にしない人々もそこそこいる。これも事実だ。

普通のブスは見にくくない自分を捏造《ねつぞう》する

ここからは、人生を破壊させるほどの深刻なブスではない女性への助言だ。ブスとは、「醜い」とは、「見にくい」「正視し難い」という意味だ。

あなたは、「見にくく正視し難く不快」ではない外観を持つ自分を創ろう。綺麗になることを目標にするのではなく、「見やすい」自分を創ろう。

あなたは、ブスで馬鹿で貧乏だけれども、この本を手にして読んでいるくらいだから、感受性と向上心は豊かで美意識はある。

そもそも、美意識があるからこそ、あなたは自分がブスだと認識できた。あなたには何が見にくいか見にくくないかの識別ができる資質がある。

まず、どんな形状が、見にくく正視し難く不快なのか観察する。いっぱい観察してください。街を歩くときもボケッと歩いていてはいけない。地下鉄のホームでも薄らぼんやり立っていてはいけない。カフェでも、いろいろ眼を配る。

無料で勉強させてもらえる機会は身近にある。見る。見る。見る。常にアンテナを立てて観察する。

大量に物や人を見る時間が蓄積されると、しだいに大量な物や人の個別の外観の差に敏感になってくる。どういう状態が見やすく、正視に耐えるかわかってくる。それだけでも、あなたの姿勢や動作や目つきが変わってくる。

教師時代の私の観察によると、欧米の先進国に留学した女子学生は美人になって帰国した。男子学生は洗練されて帰ってきた。不細工《ぶさいく》なりにカッコよくなって帰ってきた。美意識が浸透した欧米の事物を見ているだけで、彼女や彼らのセンスが磨かれたわけだ。何をいつも見るかは大事なことだ。

おしゃれなファッションが売りの洋画を大量に視聴するのもいい。美容院に置いてあるファッション雑誌を片端からページをめくって眺めるだけでもいい。書店で立ち読みならぬ立ち雑誌めくりだけでもセンスはついてくる。摂取《せっしゅ》する情報の量が多くなれば、情報の質を判断するセンスもついてくる。

醜くない（見にくくない）事物は何か、醜くない（見にくくない）人はどういう人かと観察してきた時間の蓄積が、あなたを変えていく。そうなると、あなたの見やすい外観が、じょじょに形成されていく。

見にくくない見やすい外観形成には健康という要素も大きい。ファストフードの外食や添加物てんこもりの超加工食品は摂取しないほうがいい。きちんとした食材を使って、シンプルで美味《おい》しいものを自分で作って食べるほうが健康にも美容にもいいし、経済的にもいい。シンプルで美味しいものを作ることは、料理は、貧乏な人間が持つべき唯一の趣味だ。

しかし、貧乏なあなたは忙しくて、きちんとした食材を使って自炊などしていられないかもしれない。それはそれでいい。あなたは若いので、そのあたりは何とかまだ誤魔化せる。そういうわけにはいかない時期がいずれは来るけれども、まあ今のところは、ろくでもない食生活でも何とかなる。

パッケージ美人でいい

普通のブスが見やすくなるには、自分の包装に気をつけるだけでも効果がある。書籍だって「パッケージ買い」というのがあるくらいだから。

この問題については、本も雑誌もネット情報もいっぱいある。『ブスのマーケティング戦略』においても、「ロングヘア、巻き髪、スカート、パンプス」という「女子アイコン」で武装すればブスに見えないと書いてある。

この方面の知る人ぞ知る名著は齋藤薫の『されど〝服〟で人生は変わる』（講談社、二〇〇九年）だ。必ず読んで欲しい。

あと、歌手の野宮真貴《のみやまき》の『おしゃれはほどほどでいい――「最高の私」は「最小の努力」で作る』（幻冬舎、二〇一七年）とか『赤い口紅があればいい──いつでもいちばん美人に見えるテクニック』（幻冬舎文庫、二〇一六年）を読むこともいい。具体的な指針に満ちている。

野宮真貴とジェーン・スーの対談『美人になることに照れてはいけない。──口紅美人と甲冑女が、「モテ」「加齢」「友情」を語る』（幻冬舎 plus+、二〇一七年）とか『人生もお洒落も自分の舵を手放さない』（幻冬舎 plus+、二〇一八年）なども読むと励まされる。

野宮真貴さんもジェーン・スーさんも都会的で綺麗なので、「こんな対談集はブスの私に役にたつもんか！」とあなたは怒りに震えるかもしれない。美人でさえ自分の包装には苦労しているのだ。ブスのあなたなら試行錯誤はあたりまえなのだ。

美人ではないけれども綺麗でセンスのいい人に遭遇したら、貪欲《どんよく》にジロジロ観察させてもらおう。貴重なサンプルだ。

「雰囲気美人」という言葉があるくらいで、美人ではなくても美人のふりをすることはできる。美人ではないのに、美人だと自分を他人に思わせることが巧みな女性というのは存在する。「なに、こいつ〜〜ブスのくせに美人ぶっちゃって！」と張り倒したくなる気持ちを抑えて、さりげなく見物しよう。学べることは多いはずだ。

反対に、造作《ぞうさく》は美人なのに、美人に見えない女性もいる。繊細過ぎて、自分が美人であることに照れているのかもしれない。頭が悪くて、情報が足りなくて、センスが悪いのかもしれない。

もしくは、つまらない人間を寄せつけないために、セクハラ回避のために、安全保障の一環として美人に見せないという戦略を採用しているのかもしれない。美人は美人で苦労がある。

私の大学院時代の教授や昔の同僚の男性に、人格は下劣で狡猾《こうかつ》で非常に不細工なのに、常にファッションに気をつけ、立ち居振る舞いだけは男前風にしている人々がいた。

「こんな不細工で性格も下卑《げび》ていて不快な奴なんか何を着ても同じだ。何を気取っているんだか」と、私は彼らを内心では罵倒《ばとう》していた。

しかし、彼らが不細工なまま、衣類に無頓着《むとんちゃく》なまま、立ち居振る舞いに気をつけていないままだったら、もっともっと彼らは不快な人間だったに違いない。気をつけていたから、やっとあの程度の不快さですんだのだ。

だから、ブスでも、自分のパッケージに気をつけることは効果がある。どんどんパッケージ美人になってみよう。雰囲気美人になってみよう。少なくとも、美人のフリをしている女性は、膝や脚を開いて椅子に腰かけていない。ハンカチも持たずに外出しない。電車内で化粧しない。ものの食べ方にも気をつけるだろう。

青春期こそ外観改良の費用対効果は高い

青春期の女がブスのままでいることは非常に危険なことだ。就職できないかもしれない。他人から非常に雑な扱いを受けることも多い。友人知人もできにくい。見えない存在だから、しかたない。犯罪にあっても誰も助けてくれないかもしれない。

青春期だからこそ、自分の容貌の改良に努力しよう。その費用対効果は高い。中年期や高齢期に見やすい容貌を捏造しても、あまり使い道がない。青春期こそ使える。

ゆめゆめ、「人間は外見ではなく中身だ」と言う無責任で愛情のない人間を信用しないように。それこそファンタジーだ。この世界は、外見も良く中身もある人間が幸せになる確率が高い。どちらかがあればいいというものではない。どちらも必要だ。

しかし、中身を充実させるには時間がかかる。ただでさえ、あなたは馬鹿なのだから、中身の充実など還暦過ぎても無理かもしれない。外見の矯正のほうが手っ取り早く効果は目覚《めざま》しい。課題は何でも、手のつけやすいほうから処理すべきだ。まず、「見やすくなる」ことだ。

1・2 仕事について

食える職に就ける勉強をする

あなたは貧乏なので、賃金労働をして生活費を獲得しなければならない。引きこもるとかニートになるとかの選択肢はない。あなたの親にも、あなたがそうなることを受け入れる余裕はない。

貧乏なほうが迷う余地なく労働市場に飛び込んでいける。自己実現がどうたらとか、社会への貢献がなんたらとか御託《ごたく》並べずに、まっすぐにカネ欲しさに働ける。

仕事というのは、賃金の報酬が発生する作業のことだ。あなたには、タダ働きのボランティアなどしている余裕はない。人助けよりも自分の経済的自立の実現が先だ。

そのためには、需要のある職に従事できる資格を得る。技術を習得する。それも経験が生かせ、健康である限り続けることができるような職種に就くことが大事だ。

有名大学に進学しても、就職に結びつかないのならば無意味だ。虚栄心や見栄から進学先を選んではいけない。偏差値の高い有名な大学を卒業しても、経済的自立ができないのならばしかたない。

大学に進学するのならば、学部学科選びは慎重に考える。生きていく時代状況が違うので、親の意見は参考にならない。学校のことしか知らない教師の意見も参考にならない。あなたが情報弱者の多い地方在住ならば、周囲の大人の意見はいっさい参考にできない。

ほんとうは、将来どうやって生活の糧《かて》を得るかについて考えたら、夜も眠れない状態になるのが正常だ。なのに、日本では平和と繁栄の時代が続き、人々の意識が弛緩《しかん》して、貧乏人の子どもでさえ真剣に仕事や職種のことを考えなくなった。

和田秀樹の『年代別　医学的に正しい生き方　人生の未来予測図』（講談社現代新書、二〇一八年）には、慶応大学や早稲田大学を卒業してから、看護大学や看護学校に入学しなおす女性たちの例が紹介されている。早稲田や慶応を卒業してさえ、女性にとって、リタイアするまで年収五〇〇万円以上を確実に確実に稼げる職は限られている。

あなたは馬鹿だから、たぶん理系ではないだろう。現代と未来において、文系人間が食べてゆく道は険《けわ》しい。文系人間でも従事できそうな理系や工学系の仕事について考えるか、もしくは何らかの国家資格を取る。

人工知能が人間の仕事を奪うと心配されているが、大丈夫だ。人間相手の仕事には人間しかできないことがある。できる仕事は必ずある。

男選びは間違えても何度でもやり直せる。しかし仕事選びに失敗することのロスは大きい。男がいなくても食ってゆけるが、仕事がなければ食ってはいけない。

基本的人権として、国民なら誰にでも無条件に一定額の現金給付がされるベイシック・インカム（basic income）の導入について、昨今《さっこん》はいろいろ書かれるようになっている。エノ・シュミットと山森亮と堅田香緒里《かただかおり》と山口純著の『お金のために働く必要がなくなったら、何をしますか?』（光文社新書、二〇一八年）など読むと面白い。

とはいえ将来日本においてベイシック・インカムが実現する可能性は低い。毎月二〇万円給付されたとしても、もっと給付額を増やせと要求する国民は多いだろう。日本国民になれば一律現金給付があるとなれば、日本人になりたがる人々が増えるだろう。

財源には限りがある。無理。

万が一ベイシック・インカムが実現したとしても、あなたが仕事をすることには変わりない。日本国憲法第二五条や生活保護法が国民に保障する「健康で文化的な最低限度の生活」を維持できるだけの現金があらかじめ前提として国民個人に給付されることになれば、仕事について悩むことから解放されるということは断じてない。金なんて、いくらあっても足りないのだから。人間の欲望を舐《な》めてはいけない。

ともかく、ブスで馬鹿で貧乏なあなたの青春期の最重要課題は、自分の容貌の改善と食ってゆける仕事獲得だ。いくらなんでも遅くとも三七歳になるまでには経済的自立ができているように奮闘してください。

苦にならない仕事はみな天職

食える仕事が、必ずしも従事していて面白いとは限らない。また仕事の向き不向きは、してみないとわからない。実際にやってみて苦にならないのならば、その仕事はあなたに向いている。天職などというものは、馬鹿なあなたにはないから探すだけ時間の無駄だ。

ちゃんと食えるだけの賃金が発生し、かろうじてできる仕事で、しかもさほど苦にならないのならば、それがあなたの天職だ。

あなたは馬鹿で不器用だから時間はかかる。一を聞いて十を知るなんてことは、あなたには金輪際《こんりんざい》ない。一を聞いたら確実に一を知ればいい。

あなたは馬鹿なので、何事にも覚えるのに時間はかかる。それが、あなたの現実だから嘆いても無駄だ。他人が三〇分でできることを、あなたは二時間もかかるかもしれない。それでもできればいい。結果が同じならば、過程は何でもいい。

漏電《ろうでん》はしないこと。賃金が支払われる仕事なら、まずは仕事内容に習熟することに集中する。じわじわと仕事そのものに慣れ、その仕事に必要なスキルを身につける。

スキルといってもご大層に考え恐れることはない。スキルには、挨拶の仕方というような基本的なものも含まれる。ひとつひとつ覚えていけばいい。

くれぐれも有能なふりをしないように。ブスで馬鹿で貧乏なあなたは、堅実にダサく生きるしか手がない。あなたは馬鹿だから、ついつい虚栄心や見栄に振り回されてしまう。自己肥大的な幻想を自分に抱いてしまう。

しかし、あなたの代わりの人間はどこにでもいる。勘違いしないように。給料さえ普通に出るのならば、ひたすら職場に、さりげなくすがりついていよう。

あなたは馬鹿なのだから、自己実現だの、社会や他人のためになりたいだの、できもしないことを考えないことだ。そういうことは優秀な人が考えればいい。会社員ならば、組織の歯車に徹すればいい。職人系の仕事ならば、確実に仕事を覚えればいい。

すべきとあなたに期待されている労働の質と量をクリアできなくてもいい。自分から遠慮して反省したり身を引いたりすることはない。解雇されるまで、シレッと無能なままに職場に居座っていよう。依願退職より会社都合退職のほうが退職金も多いかもしれない。

ただし、労働量のわりに賃金があまりに少ない場合は、こっそりとすみやかに別の仕事先を求める。ブラック企業の存続に手を貸してはいけない。そのためにも、あなたが従事している仕事から、できうる限りのスキルを獲得する。

仕事で悩んだら、森博嗣の『「やりがいのある仕事」という幻想』（朝日新書、二〇一三年）を読んでみよう。きっと、あなたの助けになってくれる。

意外とちょろい世間

あなたは馬鹿だから、何事においても抜かりないエリート集団で運営されるような大企業とか官庁に就職できるはずはない。だから、職場におけるすさまじい競争や同僚や上司にビビることはない。ビビっているふりをするのはいいが。あなたが恐れるほど優秀な人は、あなたが参入できる類の労働現場にはいないから大丈夫。

今のあなたには、まだわからないでしょうが、世間の人々というのは、学校を卒業したら、全く勉強しない人が多い。世間からエリート集団と目されているような組織の人々でさえ、大学を出たら、いっさい勉強しない人間が多い。考えることは保身だけの類の人々が多い。

だからこそ官公庁の不祥事がある。国家公務員試験は、キャリア用はもちろん、ノンキャリアの専門職試験でさえ非常に難しい。あなたの頭では絶対に絶対に合格しない。そのような優秀な官僚たちで構成されていても、官公庁は変なことをする。

ましてや、エリートなどいない組織に属する人々は、あなたが思っているよりも、はるかに愚かだ。自分の愚かさを自覚できないくらいに愚かだ。生き生きと生きているようで、実は機械的に自動的に動いている。

人間は意外とロボットだ。決まりきったようにしか動かない機械だ。部品が多いような機械、たとえば自動車だと、同じように製造されても一台一台に微妙な差が出てくる。人間を構成する部品は自動車など比ではないくらいに多いのだから、個人差が非常に大きい。それでも、やはりロボットのように決まりきった行動で生きている人間は多い。

であるからして、ブスで馬鹿で貧乏なあなたでも、つけいる余地がある。意外と世間はちょろい。どれくらいちょろいか、よく観察しよう。

あなたが弛《たゆ》まず向上心を持ち続け働いていれば、職場においてあなたなりの存在感を示すぐらいはできるようになる。

賃金労働に取られる時間は長い。一日のうち三分の一は賃金労働にあてられる。集中力なく機械的に仕事をしていると、あなたの青春そのものが浪費される。自宅の次に長い居場所である職場におけるあなたの立場を決定するのは、あなたの仕事への関わり方だ。

大丈夫です。馬鹿でもやってゆける。自分が馬鹿であると自覚できないままに日々を浪費する人々が意外と多いので、あなたが、ちょっと抜け駆けできる可能性は大きい。

対人免疫力をつける

ひとりでできる仕事もあるが、あなたは馬鹿なので、今のところは、そのような特殊なスキルは持ち合わせない。つまり、あなたは他人の間に入って仕事をしなければならない。そこには同僚や上司がつきものだ。

人間が集まれば、どうしても競争関係になる。ブスで馬鹿なあなたに対してさえ、ライバル意識むき出しで、マウンティングしてくるような人々も出現する。そういう場合は、私より馬鹿な人がいるなあと思って相手にしないこととしか対処法はない。

あくまでも賃金目的で働くのであるから、仕事場の人間関係が不快という理由で別の仕事先を求めるのはやめよう。

セクハラやパワハラが酷い場合は労働基準監督署に相談しよう。すべて記録し、できれば録音しておこう。証拠が大事だ。

ともかく職場の人間関係が面白くないという理由で、退職するのはやめよう。どこにでも馬鹿はいる。人格障害者もいっぱいいる。みな病んでいる。人間関係がうまくいっている職場など存在しない。

ブスで馬鹿で貧乏なくせに感受性だけは鋭いあなたにとっては、それは辛いことだと思う。どうして、こんなに無駄に無意味に不必要に意地が悪くなれるのであろうかと、あなたが呆《あき》れ驚く人々は少なくない。

つまらないことに嫉妬する人々もいる。呼吸するように嘘をつく人もいる。卑怯がスーツを着ているような人もいる。

幸いなことに、あなたはブスで馬鹿で貧乏なので、嫉妬の的《まと》になることはないが、あなたを軽んじる人々は多いと思う。ここは、敢えて鈍感になろう。

気にしないでいようと言われても無理かもしれない。気になるものは気になる。でも、気にしないふりぐらいはできる。そのうち、ほんとうに、どうでもよくなる。次第に慣れてくる。職場の人間関係など永遠に続くことではない。状況はどんどん変わる。

他人を変えることはできない。あなたがいくら気にしても、他人は変わらない。変わらない相手について本気で考えても詮無《せんな》い。挨拶だけはしておけばいい。挨拶して応答がない場合でも、あなたに損はない。

人生の道程のかなりを通過した立場から言うと、青春期に、変な人や歪んだ人のサンプルをいっぱい見ておくことは貴重な財産になる。「対人免疫力」がつく。対人免疫力がつけば、人間関係の対処はかなりラクになる。

特に、あなたを傷つけ、騙し、おとしいれ、裏切った人々のことは、きっちり観察しておこう。きっちり記憶に残しておこう。

よく、嫌なことや嫌な人のことは忘れなさいと言われる。それでは駄目だ。それは自己欺瞞《ぎまん》であり現実逃避だ。二度と嫌なことを経験しないためにも、嫌なことも嫌な人間も忘れてはいけない。そういう類の人間がこの世にはいっぱい存在するという想定をしておけば、次に似たような事例に遭遇《そうぐう》しても対処がしやすい。

人間は千差万別であり、同じ人はいない。それでも類型というものはある。似たようなつまらない類の人々が、再びあなたの人生の道筋に登場する。あなたは馬鹿だから、何でも忘れがちで、同じ失敗を繰り返しやすい。だからこそ、つまらない人間のサンプルを忘れてはいけない。

技術やスキルは失敗を重ねれば学習できるが、人間関係の失敗は繰り返す価値がない。人間嫌いになるだけだ。つまらない人間に関与することには何も益がない。

そもそも、他人に対するあなたの判断が曇《くも》るのは、あなたにその他人に頼むところがあるからだ。何かを期待しているから、観察眼が曇る。

あなたは馬鹿だから、ついつい小賢《こざか》しく計算しがちだ。あなたの頭は、本質や大局を見ることができないが、矮小《わいしょう》な打算はできる。しかし、馬鹿なので、あなたの打算は的《まと》外《はず》れになりがちだ。

前提として、同僚とか上司というものはろくでもないと心得ておけと言っているのではない。何も含むところなく、期待せず依存せず打算せず、他人には無心に接する。そうすれば、おのずと見えてくるものがあると言いたいのだ、私は。

あなたが、ある人々から被害を受けたとしたら、その責任はあなたにもある。加害的人物であると見抜けなかった、あなたの観察力不足と、期待や願望というあなたの先入観にも責任がある。

1・3 自分に正直でいることの効用

ドタキャン癖

ブスで馬鹿で貧乏なあなたにはドタキャン癖がないだろうか。その癖は青春期のうちに絶対に矯正するべきだ。ドタキャンを三回すれば、人はもう二度とあなたを信用しない。

なぜあなたがドタキャンするかといえば、馬鹿なあなたは、自分に正直でいることが大きく見たら自分を守るとわかっていないからだ。

この人は地位があるから、この人のご機嫌を損じないほうが有利かもしれないから、ここで断ると嫌われるかもしれないから、などの理由で、会合に出席する約束をして、結局は出席する気になれずに、ドタキャンする。

そうなるのもしかたないのかもしれない。誰でも、幼い頃は非力無力《ひりきむりょく》過ぎて、何につけても受身だ。幼稚園や保育園に行けと言われれば行く。小学校に行くものだと言われれば通う。そのような年月が重なっていくと、自分の意志で動いていい年齢になっても、ついついうっかりと自分の要請より他人の要請を優先させてしまう。

他人の要請に応えることが生存様式にまで発達した人間を馬鹿優等生と呼ぶ。周囲の受けはいい。特に目上の受けはいい。いわゆる「ヒラメ」だ。ヒラメ女性はドタキャンしがちだ。自分の気持ちに正直でないから。

私の知人のヒラメ系女性は挙式一週間前に破談した。理由は「よく考えたら好きではなかった」だった。学歴や職業や家柄がよく、親も薦めたので婚約したが、いよいよほんとうに結婚となってきたら、相手のことが好きではないと気がついたそうだ。

たとえ一週間前とはいえ、気がついてよかった。しかし、迷惑な話だ。この女性が自分の心に「この人でいいのか?」と問い続けることを意識的にしていたら、こういうことにはならなかった。婚約相手や彼の家族を傷つけることはなかった。結婚式場のキャンセル料を払わずにすんだ。

自分に正直でいるためには練習が必要

ともかく、他人の要請に応えることは、成人前にすでに習い性《しょう》となってしまっていることが多い。しかし、いずれは自分で選び決めるしかなくなる。親を含む他人の要請に応じていても、その他人があなたの人生の責任を負ってくれるわけではないと知るときが来る。

ましてや、あなたはブスで馬鹿で貧乏だから、ほんとうには誰も、あなたの人生に関心がない。あなただけが、あなたの人生に真心《まごころ》からの関心を寄せてくれる。だから、常に常に自分に問うべきだ。

これが、私がほんとうにしたいことなのか？

私は、ほんとうにここにいたいのか？

これが、ほんとうに私の欲しいものなのか？

これが、ほんとうに私が言いたいことなのか？

意見のための意見を言っているのではないか？

そもそも、私には自分の意見というものがあるのだろうか？

私は、自分の意見を持てるほど、この事柄について知っているのだろうか？

ほんとうは、何も知らないのではないか？

自分に正直でいるということは容易なことではない。「今の私は自分に正直でいるだろうか」と常に考えるのは面倒くさいことだ。そもそも馬鹿なあなたは、考えることが苦手なので馬鹿なのだから。

だからこそ、自分に正直でいることを、「機械的に自動的にできる習慣」にできるまで意識しよう。そうしないと、自分に正直でいることができるようにならない。口で言うほど簡単ではないのだ、自分に正直でいるということは。

繰り返すが、子ども時代は無自覚に周囲の人間の要請に応えざるをえない。自分で判断することは無理だし、自己分析することもできない。外からの刺激に反応しているしかない。

つまり、誰もが自分に正直でいるようにする練習は青春期から始まる。中年期から自分に正直でいることを意識化して練習するようでは手遅れだ。

四五歳にして自分に正直にしてこなかったと気がつき、いろいろやり直しをしようとしても、できることは限られている。結婚二〇年経過して、「よく考えたら、あなたのことは最初から好きではなかった」と妻に言われた夫は困る。

倒産しないし、競争も厳しくないし、結果を出さなくてもいいのでラクだからと思い、どこかの役所の試験を受かって公務員になったものの、二〇年後に「ほんとうはこの種の仕事に興味はなかった」と言う男性がいたら、彼の妻は困る。その妻は、彼が公務員だからこそ結婚したのだから。

自分に正直でいるほうが、自分に無駄な負荷《ふか》もかからない。結果的には他人に迷惑をかけずにすむ。自分に正直でいようと常に心に問うことは、青春期のうちに習慣にしよう。

自分に正直でいると自分を受容できる

自分に正直でいることの効用は、守る気がない約束をしなくなるとか、ドタキャンしなくなるとか、好きでもない人と結婚しないとか、興味もない仕事に従事してあとで後悔しないですむとか、結果的に人に迷惑をかけないですむとか、そういうことばかりではない。

自分に正直でいると、自分のことを受容できる。自分のことを好きでいられる。

たとえば、あなたが心から望んだことを実践したとする。その結果が芳《かんば》しくないとする。その場合でも、あなたはほんとうにはダメージを受けない。

その時点のあなたにとって、自分がほんとうにしたいことを、あなたはした。それはするしかなかった。しないですませることはできなかった。だから、した。

してしまった後悔としなかった後悔とでは、しなかった後悔のほうが大きいとは、よく指摘されることだ。たぶん、それは正しい。私に関しても、随分と愚かなことをしでかしてきたが、その点については後悔はない。したいことは、するしかなかった。

そのような自分は、いかに馬鹿でも、自分で認めることができる。自分で自分を受容できるかどうかは、ブスで馬鹿で貧乏なあなたにとっては、大きなことだ。自分で自分を受容し是認できなければ、いったい誰があなたを是認してくれるだろうか。馬鹿でブスで貧乏なあなたを。

自分に正直でいるとこの世の欺瞞《ぎまん》に騙《だま》されにくい

もうひとつ、自分に正直でいることの効用がある。自分に正直でいるということは、自分が抱いた疑問を抑圧しないということだ。そうすると、この世にはびこる欺瞞に騙されにくくなる。表向きの大義名分と実体のギャップを明確に意識できるようになる。これも、この本の「長いまえがき」で言及した、現実とファンタジーの区別をつける作業のひとつだ。

たとえば、あなたが小学校時代に、アメリカの南北戦争について学ぶとする。南北戦争が黒人奴隷解放のためになされた戦争であったと学ぶとする。

そのように習ったとしても、どんな子どもでも「そこまでして戦争したのに、いまだに黒人差別がされているのは、なぜかな」と思う。自分に正直でいれば、自分の疑問を忘れずに、自分なりに調べるかもしれない。

そうすると、南北戦争の原因は黒人奴隷解放ではなく、北部の産業資本家たちが、自分たちの生産物を売るために、ヨーロッパ製品を購入する南部の経済を壊滅させたかったからだとわかる。

当時のアメリカ南部は、ヨーロッパとの紐帯《ちゆうたい》が強いアメリカ合衆国内外国「アナザー・カントリー」だった。その南部の経済を支えていたのは、大農場システムだった。そのシステムを支えていたのが黒人奴隷だった。

黒人奴隷解放は南部の経済を弱体化させる手段だった。黒人奴隷解放は、単なる聞こえのいい大義名分だった。その証拠が、現代まで連綿と継続している人種差別だ。

ほかの例もあげてみる。たとえば、あなたは、中学や高校の日本史の時間に幕末明治の歴史を学んだときに不思議に思ったはずだ。

尊王攘夷《そんのうじょうい》と騒いで、井伊直弼《いいなおすけ》を桜田門外で暗殺したぐらいだったのに、開国反対のはずだったのに、いつのまにか尊王攘夷のスローガンが消えて、長州も薩摩もイギリスから武器を買い徳川幕府を追い詰めたのは、どういうことか？

以下は、副島隆彦《そえじまたかひこ》の『思想劇画　属国日本史 幕末編』（コスミック出版、二〇一九年）の受け売りだ。この劇画歴史本は、一九九七年に発表された副島氏の『属国・日本論』（五月書房）の幕末に関する記述を元に、二〇〇四年に出版されたものの加筆訂正版だ。この属国論は、二〇一九年にも改訂版が出版されている。『［決定版］属国日本論 2つの帝国の狭間《はざま》で』（PHP研究所、二〇一九年）だ。

実際は、尊王攘夷を本気で純粋にまっすぐに信じた人々は悲惨な運命をたどった。徳川幕府はといえば、朝廷に異を唱える気はなく、天皇を頂点として、徳川を首相にし、各藩主を国会議員にして議会政治を始めるつもりでいた。だから、徳川と官軍の衝突など起きる必要のないものだった。会津戦争など必要のない虐殺だった。

幕末明治の内乱の実相は、薩長に武器を売りたいイギリスと、幕府に武器を売りたいフランスの帝国主義的代理戦争だった。アメリカも参入するつもりだったが、自国で南北戦争が勃発《ぼっぱつ》したので、日本支配については出遅れただけだ。

ヨーロッパ列強の帝国主義競争の代理戦争の手駒《てごま》になってしまった日本。これで日本の属国化は決定的になってしまった。

明治維新は、日本人が世界の近代化の波に遅れまいと自力で成し遂げた革命ではなかった。極東の離れ小島の土人たちが西欧に好きに操られた茶番劇だった。

日本はアメリカの属国であり、日本の運命に関して日本人には自己決定権がないことは、現代の日本人にとっては常識だ。しかし、それを前提としつつ、では未来の日本はどうあるべきかと考え議論する空気は、日本にはない。

問題の存在はわかっているのに、問題が存在しないふりをする日本人。そのような自己欺瞞的姿勢は、そもそもが幕末明治の真相を日本人が見て見ぬふりをしてきたことに端を発するのではないか。

いまだにNHKの大河ドラマの幕末明治ものは、旧態依然とした「日本は自力で近代化を成し遂げました」説に基づいている。受信料を強引に徴収して、そんなデタラメ史劇を製作しないでもらいたい。

坂本竜馬は、相変わらず司馬《しば》遼《りょう》太郎《たろう》の『竜馬がゆく』に描かれた人物像でドラマに登場することが多い。でも、なんで土佐の脱藩浪人程度の人間が「商社」なんてものを考えつくことができたのだろうか。浪人でカネがあるはずないのに、なんであちこち行っていられたのだろうか。活動資金は誰が出したのだろうか。なんで、脱藩浪人という一種の落ちこぼれが薩摩や長州を結びつけることができたのだろうか。

このような、あなたの心に浮かんだ疑問について、あなたが正直にその疑問にこだわり続けていれば、いつかその疑問に対する答えが得られるときが来る。きっと。

すると、あなたは、教科書に載っていようが、権威ある知識人が書いていようが、常識として通用していようが、嘘デタラメである見解もこの世にはあると知る。この世界は、意外なほどファンタジーがまかり通り、事実や真実が隠されているらしいと察することができる。

自分の心が正直に抱いた疑問や違和感を、「こんなふうに思っちゃいけないのだ」と抑圧することは危険だ。いつか、その自分の疑問や違和感が適切であったと判明するかもしれない。

たとえ自分が正直に感じることが、この世に流通する意見や通念から逸脱《いつだつ》していても、あなたの感じたことのほうが現実的で妥当でまっとうであるかもしれないのだ。

この世界にはびこり蓄積されてきた欺瞞に距離を置くためにも、あなたは自分に正直であるほうが安全だ。

ただし、そのことを表明する必要はない。あなたのすべきことは、他人への啓蒙《けいもう》ではなく、自分自身のサバイバルと安全保障だ。自分の正直な疑問は、自分自身で大事に保管保存しておこう。

1・4 セックスについて

ブスで馬鹿で貧乏だと性犯罪にあいやすい

ここは若い女性にとっては、特にブスで馬鹿で貧乏な若い女性にとっては実に重要な点なので、このセクションは長くなる。

人生は金《かね》とセックスの扱いを間違えなければいいとよく言われる。それぐらいに、金とセックスは大事な問題なのだ。

しかし、それほどに大事なことらしいのに、学校では金とセックスについて教えてくれない。ほんとうにサバイバルに必要なことを、学校で教えないのは不思議なことに思えるが、それも無理はない。

人間は千差万別だから、サバイバル方法も個別の個人それぞれに違う。ある人には適した方法が、ある人には全く役に立たない。数学の公式や物理の法則とはわけが違う。こういう類の問題は集団主義の学校では対処できない。

金については、賃金労働の機会を逃さずにいるしかないが、セックスについてはどうか。

まず若い女性は強姦されやすい。痴漢にも遭遇しやすい。セクハラにもあいやすい。若く美しい女性が強姦されやすいのは、魅力的だからだ。ブスで馬鹿で貧乏な女性も強姦されやすいが、理由が違う。男が与《くみ》しやすいと思うからだ。手軽だと思うからだ。男が緊張しなくてすむからだ。

窓ガラスが割れているビルは、もっと窓ガラスが割られる。汚れたトイレは、もっと汚される。掃除されていない部屋は、もっと散らかされる。それと同じことだ。だから、ブスであるほど、ブスに見えないように容貌外見に気をつけることが、ブスの安全保障になる。

望んでもないのに無理に性交されることは猛烈に不快なことであり、女性の尊厳を傷つける。それが初体験であれば、その傷は深いだろう。

しかし、強姦男に女性の尊厳がどうのこうのと言っても始まらない。理解もできない。亜人間に人間の言葉は通じない。また、ほかの業界と同じく、法曹界《ほうそうかい》も男性中心だから、女性の状況への想像力はない。法律は、あなたの味方をしてくれない。

なにしろ性犯罪の時効は、強姦でさえ一〇年だ。強制わいせつで七年、被害者が怪我をした強姦・強制わいせつ共にやっと一五年だ。被害者が死亡している場合は強姦・強制わいせつ共で三〇年。

なんと、これらの時効は、犯罪行為が終わった時点から数えてだ。被害者や被害者の代理人が訴えた時点からではない。このような変な法律がまかり通っているのが日本という国だ。

とりあえず男を見たら性犯罪者と思う

とりあえず、あなたは用心するしかない。用心し過ぎることはない。ブスだろうが美人だろうが、男を見たら、とりあえずは「性犯罪者」と想定すべきだ。決して油断してはいけない。

根拠もデータもないが、以下のように想定していて間違いない。五〇人の男にひとりは人格障害者でありサイコパスだ。ふたりは痴漢だ。三人はカッとなると暴力が押さえられない暴力男だ。四人はアル中だ。五人はストーカーだ。六人には虚言癖がある。七人は病的に怠惰な「ダメンズ」だ。八人は強烈馬鹿母親系マザコンだ（立派母親系マザコンはめったに棲息《せいそく》していない）。

つまり、まともな男は五〇人中一四人しかいない。悲しむ必要はない。五〇人中一四人も「まとも」だ。そのほかの三六人と関わらないように用心すればいいだけだ。

最近は結婚率が低いと指摘される。晩婚非婚が多いと言われる。恋愛ですらしなくなった女性が多いと言われる。女性が用心深くなれば、そうなるのが当然だ。

結婚や恋愛をバラ色のものとして描くロマンチック・ラブ・イデオロギーや、結婚産業の広告などの欺瞞に騙されなくなったのはいいことだ。つまらない苦労をする必要はない。

「とりあえず男を見たら性犯罪者と思うこと」とは、若い女性の「教養」だ。中学や高校の生徒手帳の最初のページに、標語として印刷されるべき知恵だ。

世界はまだまだ無法なジャングル

残念ながら、この世の真実というものは、まだまだ人権も男女平等も幻想だ。殺されたら殺され損だ。弱くて運が悪ければ、不用心ならば、酷いめにあう。

女性は、いざとなれば体力的には男性に負ける。白兵戦《はくへいせん》になれば負ける。あなたがカンフーの達人でなければ、マグナムでもイサカ・ショットガンでもぶっ放して早々とけりをつけることができないならば、負ける。負ける戦争をしてはいけない。

女性はうっかりすれば妊娠する。妊娠した結果を引き受けるのは女であるなんてことは、もう散々言われて古典的なことだ。しかし、古典的でも何回も何回も繰り返ししつこく言っていい。

妊娠中絶をし損ない、強姦男の子どもを産んでしまったが、可愛くもないし気持ち悪いので授乳しなかったら、都合よく死んでしまったのでよかったよかったと言うわけにはいかない。乳児虐待で逮捕される。

私は、今の科学技術ならば、生理など数時間で終わらせることができるのではないかと疑っている。妊娠など必要ないのではないのかと思っている。

なんで一〇ヶ月間も栄養素を取られて腹にかかえていなくてはならないのか。みな試験管ベビーでいいのではないか。人工授精でいいのではないか。授精卵が細胞分裂して胎児になるまで培養《ばいよう》する装置はないのか、と思っている。ここだけの話ですが。

しかし、これ以上女にラクをさせるのは、女を自由にするのはまずいという理由からか、生殖の問題は、今のまんまの原始的スタイルで捨て置かれている。

そうまでして産んでも、子育てに良い環境は与えられないことが多い。なのに育児の責任は一方的に母親にばかり課せられがちだ。子どもの父親がいつまでも子どもで父親になれない。妻や子どもを守るどころか、自分のことで精一杯な男が少なくない。

あなたは、自分の人生の重荷になりかねない子どもを持つリスクについては考えざるをえない。何よりも、ブスで馬鹿で貧乏な自分の遺伝子を残す意味があるのか。そんな遺伝子しか持たない人間の再生産に意味があるのか。

つまり、自分を冷静に査定できる人間ほど結婚をためらうし、子どもを産むことに積極的になれない。少子化になるのはあたりまえだ。

まあ、少子化でも心配することはない。科学技術の発展で、人間はほぼ不老不死になりかねない未来が予測されている。ユヴァル・ノア・ハラリというイスラエルの歴史学者が書いた『ホモ・デウス――テクノロジーとサピエンスの未来』上下巻（柴田裕之訳、河出書房新社、二〇一八年）を読んでみてください。ほとんどサイエンス・フィクション的御伽噺《おとぎばなし》に思える内容が書かれているが、実現するかもしれない。

人間が死ななくなると人口が増えるので、人口減など心配する必要はなくなる。そういう時代になれば、子どもを産むのも育てるのも一種の贅沢な趣味娯楽となる。

話が逸《そ》れた。ともかく、青春期において、あなたがすべきことは多いので、性犯罪の犠牲者になっている暇はない。くれぐれも用心しましょうという話である。

強姦され妊娠した場合の対処

万が一、強姦された場合は、すぐに警察に行くこと。次に七二時間以内に産婦人科クリニックに行き緊急避妊用ピル（アフターピル）の処方を依頼しよう。これは金額で六五〇〇円から一万五千円くらいまである。副作用はほとんどない。いいですか、七二時間以内です。たらたらしていてはいけない。

強姦後の緊急避妊薬投薬には公費援助もあるが、警察に申請しないと援助金は出ない。

産婦人科医には強姦された旨の診断書も書いてもらおう。警察に訴える場合に必要になる。

産婦人科クリニックの医師やスタッフは、あなたに対して温かい態度はとらないかもしれない。でも、望まぬ妊娠をして中絶するよりは、はるかにましだ。アフターピルはインターネット通販でも入手できるが、ただのサプリメントを送ってくる詐欺である可能性もある。医師に依頼するほうが安心で確実だ。

強姦されたのに、アフターピルを求めず望まぬ妊娠をしてしまったら、妊娠中絶をするしかない。妊娠中絶は妊娠してから二一週六日までならできる。ただし、妊娠中絶手術は国民健康保険適用外だ。費用は一〇万円から二〇万円はかかる。

妊娠一二週以内ならば、静脈麻酔で子宮の内容物を除去できる。通常は一五分程度の手術で済み、無痛であり出血も少なく、入院の必要はなく日帰りできる。

人工流産を引き起こす内服薬もすでに開発されているが、日本とポーランドとアイルランドでは認可されていない。ポーランドやアイルランドのことは知らないが、日本の医療界は女性を守ることに関しては非常に消極的であるようだ。内服薬で中絶できると、産婦人科医の収入が減るから、日本では認可されないという説がある。それぐらいに、妊娠中絶手術は産婦人科医にとっていい収入になってきた。

内服薬によらない妊娠中絶手術である子宮内容物除去法があり、これには吸引法と掻《そう》爬《は》法がある。どちらも、内服薬での人工流産の方法に比較すると、子宮穿孔《せんこう》が起きやすい。子宮に穴が開いてしまうのだ。出血などの合併症リスクも高い。

吸引法は子宮の内容物を器械で吸い出す。掻爬法は子宮の内容物をかき出す。どちらが新しい方法で安全かといえば、明らかに吸引法だ。だから、世界保健機構は吸引法を推奨している。

しかし、日本ではいまだに掻爬法で中絶をしている産婦人科医が多い。だから、産婦人科医は選ばなくてはならない。吸引法を実施し、かつ母体保護法指定医である医師に依頼すること。

妊娠一二週から二二週未満の時期だと、ややこしくなる。あらかじめ子宮口を開く処置をした後に、子宮収縮剤で人工的に陣痛を起こして流産させる。数日の入院が必要となる。これは死産扱いになり、役所に死亡届を出し、胎児の埋葬許可書発行が必要になる。

こういう重要なことは日本の学校では教えないようだ。性教育が非常に遅れている。

実質的リスクや具体的な対処法をいっさい教えない。

はっきり言って、日本人は、日本の学校は、人間の性的問題を舐めている。現実から目を逸らした教育など無用だ。国費でドイツに留学した医学者が留学先でドイツ娘を誘惑してどうのこうのというくだらない恋愛などをテーマにした小説を国語の時間に読ませるくせに、肝心要の知識については教えない。

私自身は、若い頃に自分で調べて、女性に対する性犯罪の野放し状態や、妊娠中絶の実態や公的支援の少なさについて知った。この世界で女性に生まれることは常に危険にさらされることと同義であると知った。そのときのショックがあまりに大きかったのか、私は男性に関与することに非常に消極的になった。

私が結婚後も妊娠しなかったのは、六六歳になるまで産婦人科医のお世話になったことがないのは、あのときのショックがよほど大きかったからに違いない。

話を戻す。あなたが、妊娠中絶することに対して罪の意識をもつことは理解できる。しかし、まだ生まれていない子どもより、今を生きているあなたのほうが大事だ。以後は、妊娠中絶を繰り返さないように注意するしかない。

二〇一九年六月現在において、アメリカのアラバマ州でもミズーリ州でもルイジアナ州でも、妊娠第六週以降の胎児を中絶することは違法とする条例が議会を通過した。妊娠の原因が強姦や近親相姦でさえも。

一九七二年までアメリカでは妊娠中絶は違法だったが、女性の自己決定権を尊重するということで、合法化された。しかしこの決定に反対するキリスト教原理主義などの宗教的勢力はいまだに強力だ。共和党の大きな票田でもある。

世界中で台頭するイスラム教徒や、中絶を禁止するカトリック教徒が圧倒的なヒスパニック系移民の女性たちはどんどん子どもを産む。しかし、教育を受けて自分の人生を考えるようになった先進国の女性はむやみやたらと子どもを産まなくなっている。

識字能力と計算能力を身につけると、女性は避妊するようになり人口が減るから、中東世界の近代化と安定のためには、イスラム教徒の女性が教育を受けることが必要だと言ったのは、フランスの歴史・人口学者で家族人類学者のエマニュエル・トッドだった。『帝国以後――アメリカ・システムの崩壊』（石崎晴己訳、藤原書店、二〇〇三年）を読んでください。

しかし、このまま行けば、アメリカ合衆国のヨーロッパ系白人は少数派になり、前近代のイスラム勢力に世界が覆われるかもしれないという恐怖感から、アメリカ南部諸州における妊娠中絶禁止法は議会を通過したのかもしれない。

ミズーリ州の妊娠中絶禁止の条例化には女性の下院議員や知事が一役《ひとやく》買った。女性だからといって、女性の性の自己決定権を支持するとは限らない。

アメリカの場合は、養子斡旋《あっせん》システムが発達している。望まぬ妊娠の末に生まれた子どもも比較的容易に里親を見つけることができる。強姦や近親相姦の結果としての妊娠でも中絶することが禁止されるのは、そのような条件でも生まれた子どもが育てられる養子制度が機能しているからだ。

日本でも、養子斡旋システムはじょじょに整備されつつあるようだが、血縁信仰の強い日本社会では、まだまだ問題が多い。

だから、あなたが、いくら馬鹿でも、強姦と強姦による望まぬ妊娠は極力回避しよう。


女の人生は、このような危機に満ち満ちている。だから女は鍛えられる。日本のような社会で生まれ育つと頭が悪くなりやすいが、それでも女性のほうが男性よりは本格的馬鹿が少ないように見受けられる。

それは、やはり女性の人生のほうが厳しいからだ。特にブスで馬鹿で貧乏な女性の人生は、大らかに馬鹿やっていられないほどに厳しい。いやおうもなく鍛えられる。おめでとう。

若い女性は人間嫌いなくらいが妥当

五〇人中三六人の危険男が野放《のばな》しになっている世界におけるサバイバルの手段として、若い女性には「人間嫌い」でいることを、私は薦める。

「人といっしょにいてもあまり面白くない」「人としゃべっていても退屈だから、自分で何かやっているほうが楽しい」「人とつるんでいると、自分の時間が侵食されるようで、もったいない気がする」という心性を培《つちか》うべきだと思う。前に紹介した諸富祥彦の『孤独であるためのレッスン』や森博嗣の『孤独の価値』を再読しよう。

繰り返すが、他人を判断する場合、その他人にいっさい何の期待もないと、ほぼ正確に相手が把握できる。スイスの法学者カール・ヒルティの『幸福論』上中下巻(草間平作訳、岩波文庫、一九六一年)の第一部にそう書いてある。

この本は一九世紀に書かれたものだが、人間論として二一世紀に読んでも大いに有益だ。さすが、世界の自己啓発本の古典的名著として残ってきただけのことはある。

覚えておいてください。あなたに相手を利用しようとか相手に頼ろうという打算があると、判断を間違える。人間はおおむね嫌いで、関わるのは面倒くさいという姿勢のほうがよい。

海外旅行先で若い日本女性が殺害される事件が、時に起きる。旅行に「出会い」を求め期待しないように。まともな男は忙しいから、外国から来た女性旅行者に声などかけない。

性交は通過しておく

男を見たら性犯罪者と思ってちょうどいいし、用心し過ぎるほど用心するべきだが、性交というものは、とりあえずは通過して経験しておくべきだと私は思う。

人生の失敗は金とセックスにまつわるものであるのならば、性交がどういうものであるかは、ある程度は実地体験しておくほうがいい。なるほどなるほど、と納得できる程度には体験しておくほうがいい。

前に紹介した『ブスのマーケティング戦略』の著者の田村麻美氏は、性欲が盛んで、果敢に性交相手を求めて努力したそうだ。その体験談を惜しみなく開陳《かいちん》している。あっぱれな肉食女子である。

田村麻美氏と違って、おそらくあなたは気楽に性交ができない。あなたは、ブスで馬鹿で貧乏であるばかりか、無駄に無意味に感受性が鋭く臆病なので、好奇心より不安感が先に立つ。

性交というのは、自分をさらけ出す行為だ。非常に不用心でリスクの高い行為だ。蛮勇がないとできない行為だ。

しかし、発情期の欲望と好奇心に背中をグイと押される青春期でなければ体験できそうもないことは、ちゃんと青春期に体験しておこう。

ただし馬鹿と性交すると馬鹿ウイルスが伝染する。性病感染も心配だ。望まぬ妊娠は避けなくてはならない。そのあたりは、うまくやってください。

避妊せずに性交した場合は、前述の緊急避妊ピル（アフターピル）をお忘れなく。ほんとに面倒なことだが。

しかし、人間には性器があり、性欲というものがある。人間に備わっている器官は何であれ使用しないと、その器官が衰えるばかりでなく、身体全体に悪影響がある。脚を使って歩かないと、脚の筋力が弱ると同時に全身に悪影響があるように。

備わっている器官は使用したほうがいい。性器も使用するほうがいい。性器を使用したいなあと思える男が出現し、性器を使う機会があるならば、その機会を逃してはいけない。

ここでも、自分に正直でいるというルールが適用される。あなたが、自分の心に、「ほんとうにしたいか」と問い詰め、「そうしたい！」とはっきり思っていると自覚できるのならば、実行しよう。

大学を馬鹿にできるのは大学を卒業した者だけだ。留学を馬鹿にできるのは留学した者だけだ。登山を馬鹿にできるのは登山愛好者だけだ。結婚を馬鹿にできるのは結婚を経験した者だけだ。

何ごとも馬鹿にしようと思ったら、通過経験しておくしかない。性交も経験しておかないと、なんじゃや、所詮は「交尾《こうび》」ではないかと馬鹿にできない。

この「交尾」という用語は、お子さんを四人産んで育てた年下の友人の言葉だ。彼女の言葉であるので、説得力がある。「交尾」も人間の活動であるので、人間存在というもの不可思議さを知るためにも、ちゃんと青春期に通過しておこう。

それでも、性交なんて気持ち悪いからいやだとあなたが思う場合は、しなくていい。性交は、どうしてもしなければならないようなことではないから。

実際のところ、性交しないのがもっとも安全で確実で合理的だ。人類が、もっと進化して、より合理的に考え行動するようになったら、性交という習慣は消えていくかもしれない。

まあ、そうなるのは、もっとも早くとも二二世紀ぐらいだろうけれども。あなたが、前衛的に「進化した人類」になることを選ぶのも、私はいいと思う。

結婚するなら国語能力のある男性

結婚は、できれば一度くらいはしたほうがいいと思う。しなければならないような類のことではないので、したくないなら、しなくて構わない。でも、正直に言えば、一度くらいは結婚してみたいでしょう。ならば、してみればいい。

ただし、あなたはブスだから、ロマンチックな恋愛の機会には恵まれない。男性に一目ぼれされてプロポーズされるということはない。昔風に言う「玉の輿《こし》」に乗るような機会もない。貧乏なのだから、パワーファミリーとパワーファミリーが結びつく閨閥《けいばつ》結婚が用意されることもない。

しかし、ブスなあなたに好意を持ってくれる男性は珍しいので、結婚相手を選ぶのに迷って困るということもない。現実的に身の丈にあった結婚と結婚相手について、冷静に考えざるをえないのは、あなたの大きな強みだ。

あなたは貧乏なので働くことは厭《いと》わないので、結婚相手に高収入を求めることもない。定職があり真面目に働く男性ならばいいと思える堅実さが身についている。男性の身長も気にならない。高身長の男など、病気で寝込むと邪魔なだけだ。高齢者施設でも大柄な老人は入居を断られがちだそうだ。あなたは学歴なども気にしない。自分が馬鹿なのに、結婚相手に高学歴を要求しない。

結婚相手に求めるものは、人それぞれだから、あなたは、あなたの譲《ゆず》れない条件に基づいて結婚すればいい。なし崩しの行き当たりばったりの結婚でも、あなたがしたいのならば、すればいい。

いっしょにいて気持ちが悪くない人ならば何とかなる。食事を三回共にして気になららないのならば、有望だ。ものの食べ方が気になるのならば、その相手はやめておいたほうがいい。

ただ、この条件についてだけは、あなたにこだわっていただきたい。それは男性の国語能力だ。

相手の国語能力をチェックするために、たまに故意にさりげなく執拗《しつよう》にならない程度に口論をふっかけてみるといい。

そのときに不機嫌に黙りこむ男性はアウトだ。激しい言葉であなたをはねつける男性もアウトだ。あなたの話をじっくり聴けないのも駄目だ。あなたに平静に説明できないのも駄目だ。この種の男性は、ほんとうの意味で国語能力がない。

国語能力のない男性は自分自身の心理分析もできないから、反省もできない。こういう男性は、国語能力に秀でているはずの知的職業に従事している人々の中にも多く棲息《せいそく》している。

また、三分黙っていると喉が腐るとばかりに達者にしゃべりまくることができるからといって、国語能力があるとは限らない。その種の人間は、自分の本心を隠すために、正気にならないために、「おしゃべりの煙幕《えんまく》」を張っていることが多い。

あなたは馬鹿だから、他人にはペラペラ口数が多いのに、あなたに対しては言葉で表現する労を厭《いと》う男性を、安心して私に甘えているんだわと思いがちだ。それは、とんでもない間違いだ。あなたに言葉を尽くさないのは、無自覚にせよ、あなたを軽んじているか、あなたを便利な道具としか思っていない証拠だ。

あなたが敢えて口論を吹っかけたときに、静かに言葉を繰り出す男性ならば有望だ。心や脳の根っこがタフだ。

国語能力がある男性は、家庭内暴力男になる可能性が非常に低い。自分の感情や行動を自己分析できる国語能力を持たない男性は、感情が激すると、暴力に訴える。あふれる感情が、脳を経過せずに、直接に身体を動かす。そんな相手に時間やエネルギーや感情を割くのは無駄なことだ。

ただし好意を抱いている男性に口論を吹っかけるのは辛いことだ。いつでも摩擦も葛《かっ》藤《とう》もなく仲良くしていたい。でも、国語能力の有無だけは、チェックしたほうがいい。

結婚生活には、いろいろな感情の行き違いや誤解が生じる。その都度《つど》、それらを話し合いで解決しながら、相互理解を深める。相手への態度を調節したりできるようになる。したがって、葛藤や摩擦を軽減してゆくための話し合いができない国語能力の貧しい男性が夫では、あなたの結婚生活は無駄に無意味にストレスが多いものとなる。

言うまでもなく、あなた自身も話し合いが冷静にできる国語能力を身につけなければならない。女だから、馬鹿だから、感情に任せて物を言っていいということはない。言っていいことと悪いことは、口論の最中でも脳の中で選別しなければいけない。国語能力の身につけ方に関しては、あとで話します。

そもそも、ふたりの人間が同じ空間に共生するのが結婚だから、ふたりの言葉の交換が快適で多彩で豊かで滑《なめ》らかであれば、その結婚はかなり成功していると言える。会話は、どこでもいつでもできる安上がりな娯楽だ。あなたとの会話で話が続かない男性は、真に国語能力のない男性は、結婚相手としては避けるべきだと私は思う。

ほんとうに結婚したいのならば、ジェーン・スーの『私たちがプロポーズされないのには、101の理由があってだな』（ポプラ社、二〇一三年）を読んでみよう。前述の『ブスのマーケティング戦略』も非常に有益だ。

ほんとうにほんとうにほんとうに結婚したいのならば、えらいてんちょう（そういうペンネームだ）の『しょぼ婚のすすめ――恋人と結婚してはいけません！』（ＫＫベストセラーズ、二〇一九年）を読もう。

「えらいてんちょう」というのは奇抜なペンネームだが、書いてあることは非常にまっとうだ。リアリズムに立脚しているので、非常に実践に役に立つ。特に好きでなくても結婚していい。地味なしょぼい結婚でいいのだ。

『しょぼ婚のすすめ――恋人と結婚してはいけません！』は、「結婚するまで」と「結婚してから」と「子育て」についてまで書いてある。名言ばかりが書かれてある。素晴らしい結婚指南本である。

最後に、ほんとうにほんとうにほんとうに結婚したいのならば、三五歳までにはしよう。ほとんどの男性は、結婚相手としては、四〇歳の美人より二〇歳のブスのほうを選ぶ。若いほうが選ばれる。この冷厳なる事実を直視しよう。

1・5 運のいい人間でいるために

損の貯金と大川小学校事件

あなたはブスで馬鹿で貧乏だから、当然に不用心だから、ボケッとしていると不運になりやすい。不運そのものは、取り扱いによっては人生のスプリングボードになるので、不運をやたらに恐怖することはない。しかし、わざわざ自分から不運を招くようなことをすることもない。

運というものは何なのか、実は私にもよくわからない。それでも私は思う。ブスで馬鹿で貧乏でも運さえ良ければ大丈夫だと。

では、運がいい自分でいるためには、どうするべきか? 私は、「損《そん》の貯金」をしておくべきだと思う。

あらためて、私がそう思ったのは宮城県石巻市の大川小学校裁判の一審判決を知ったときだった。

二〇一一年三月一一日の津波で亡くなった石巻市立大川小学校七四名の生徒のうちの二三名の生徒の親御さんたちは、お子さんの死の賠償を求めて石巻市と宮城県を訴えた。その結果が初めて出たのは二〇一六年の秋だった。

裁判で明らかになったことのひとつは、大川小学校の教員たちと地域の代表のような人物が、「山に逃げるべきだ」対「山に逃げて生徒が怪我したら責任を問われるし、津波はここまでは来ない」と四〇分も議論していたということだった。

地震後に校舎から校庭に避難（?）した後に、なんと四〇分間も、生徒たちは大人たちがウダウダと言い合っているのを虚《むな》しく待っていたのだ。

「ここにいたら危ない。みんな死んじゃう」と山に逃げた生徒も数人いた。しかし、教員は彼らを捕まえ校庭に引き戻した。

結局、大人たちは山ではない方向に生徒を誘導し、七四人の子どもたちが津波に襲われて亡くなった。教員の死亡者は教頭を含めて一〇名。校長は娘の中学の卒業式に出席のため不在だった。

大川小学校の事件は、避けようと思えば避けることができた人災であったと仙台の地裁は判断した。石巻市と宮城県は一四億三千万円の損害賠償を命じられた。石巻市と宮城県はただちに控訴《こうそ》した。その後、二〇一九年一〇月に最高裁は、この控訴を棄却《ききゃく》した。

訴訟を起こした親御さんたちは、「死んだ人たちに鞭打つようなことして」と地元では非難されたに違いない。自然災害なんだから、誰が悪いわけでもないのにと非難されたに違いない。

しかし、ほかの小学校は、同じ自然災害に襲われても、生徒たちを無事に保護できた。こういう事態になったのは大川小学校だけだった。

この事件については、池上正樹・加藤順子著『あのとき、大川小学校で何が起きたのか』（青志社、二〇一二年）とか、池上正樹・加藤順子著『石巻市立大川小学校「事故検証委員会」を検証する』（ポプラ社、二〇一四年）や、リチャード・ロイド・パリー著『津波の霊たち――3・11　死と生の物語』（濱野大道訳、早川書房、二〇一八年）に詳しい。

大川小学校の場合は運が悪かったから誰も悪くないとあなたは思うかもしれない。いや、そこなのですよ、私が言いたいことは。確かに運が悪かった。想定外のことだった。

しかし、他人の子どもを預かる立場の人間は、断固として自分を運がいい状態にしておかないといけない。不測の事態が起きたとき、防ぎようがない事態に見舞われたとき、なんとか子どもたちが守られるためには、頼りになるのは運しかない。

運が良ければ、ふいに打開策がひらめく。天啓のように他人の言葉がヒントになる。自分の判断とか頭の程度を過信せずに、謙虚に天の声をいただくことができる。

天の声をいただいたら、それをキッチリ実行する。怒鳴ってもいい。暴れてもいい。天の声を実践する。

私のようないい加減な人間でも、教師時代に学生を引率《いんそつ》してゼミ旅行で海外に行くときは、ビクビクと緊張した。出国する前に、あらゆる事態を想定した。硬くて悪い頭で精一杯に想像した。覚悟が定まったら、神社に正式参拝した。

出国する前に何か不都合な事態が起きたら、これは「厄《やく》落とし」であると解釈した。大難が小難になったのだと思い込んだ。

目的地に到着したら、目的地の地霊や神様に媚びを売りまくった。ささやかながらチップを出しまくった。引率者の私の運がいい状態を私が保つためには、私はなけなしの運を消費してはいけない。だから、敢えて損をした。「私さえ損していれば、学生はみんな無事に帰ることができる！」と信じ込んでいた。

めでたく無事に帰国したあとには、神社にお礼参りをした。

あまりにビクビクといろいろ想定し備えることに私は疲れ、二〇〇五年五二歳を最後に学生の海外引率はやめた。たまたま、景気も悪くなり、海外ゼミ旅行への参加者も減ったので、都合がよかった。

何を私は言いたいのか。つまり、大川小学校の先生たちは、子どもたちを守りたい気持ちはいっぱいにあったのだけれども、運が足りなかった。「損の貯金」が足りなかったのではないかと言いたいのだ。

大川小学校の先生たちは、不測の事態になったときに運が足りないと、生徒たちを守りきれないから、普段から損をいっぱい引き受け、「そのとき」がきたら、幸運としてロンダリングされた「損の貯金」を引き出して使わせてもらおうと考えていなかったと私は推測する。

このようなことは、大学の教育学部で学ぶことではない。教育学の教授がゼミ生に話すことでもない。文部科学省や教育委員会が推奨《すいしょう》するようなことでもない。

このようなことは、学校の教師ならば誰でも知っているような類のことではない。しかし、責任ある立場ならば、このようなことは常日頃から考えておかなければならないことだ。

ここぞというときに、運に味方してもらうためには、ここぞというときに大きく幸運が動くように運を貯金しておかなければならない。常日頃から、どうでもいい程度の損ならば引き受けておいたほうがいい。いざというときのために。

だから、あなたも運を浪費してはいけない。クジ引きや懸賞に当るとかの程度のことに貴重な運を使ってはいけない。些細《ささい》なことで一喜一憂してはいけない。

あなたはブスで馬鹿で貧乏なのだから、これ以上の損を引き受けることができないと思うかもしれない。しかし、このような発想もあることだけは頭の隅に入れておいてください。伝統的に、「損の貯金」は「陰徳を積む」と表現されてきた。

運の良くなる方法あれこれ

そのほかにも、運が良くなる方法については、おびただしく書籍が出版されてきた。

ネット情報もいっぱいある。あなたは貧乏なので、運といえば金運が欲しいはずだ。「愛はカネのあとからついてくる」という説もあるぐらいだから。私の説ですが。

　俗に運が良くなる方法と言われてきたことを順不同に列挙する。
（1）掃除は幸運の元である。特に水回りは綺麗にしておく。トイレを綺麗にしておくと金運が良くなる。トイレの蓋《ふた》は必ず閉める。
（2）先祖供養《くよう》をする。お墓の掃除とおまいりは大事。肌荒れで悩んでいる人は、お墓に行ってお墓の掃除をする。スポンジを使って汚れを落とし、乾いたタオルで綺麗に水気を拭く。結婚したい人がいるなら、その人の家のお墓の掃除をすれば思いが叶う。お墓掃除ストーカーは人畜無害だ。
（3）衣服は忍者みたいに黒尽くめが好きならばそうすればいいが、せめて下着は真っ赤にする。ドクロがプリントされたような衣服は着てはいけない。軍人でもないのに迷《めい》彩《さい》服を着るのもダメ。
（4）財布に入れるお札《さつ》は、お札に印刷されている顔をちゃんと同じ側にして揃えて入れる。赤い財布は散財浪費が増えるから避ける。蛇皮の財布は避ける。蛇の恨みは怖い。
（5）神社に参拝するときは、お願い事をしてはいけない。感謝だけ捧げる。神様を自分の都合で使役《しえき》する態度ではダメ。

（6）神社の御神木《ごしんぼく》に抱きついてはいけない。神社の石を持ち帰ってはいけない。神社の本殿の写真を正面から撮影してはいけない。

（7）神社の御神体《ごしんたい》の山に登らない。聖なる山に登って排泄《はいせつ》したら罰があたる。女性なら幸せな結婚はできない（ならば、霊山富士山への登山者は、みなアウトですね）。

（8）「ありがとうございます」という言葉を惜しんではダメ。親兄弟や家族には言う必要ないというものではなく、まず家族に感謝すべし。

（9）手帳に一〇年後二〇年後に実現させておきたい事柄を書き込んで、折に触れてそのメモを眺め、脳に叩き込んでおくと実現する。家を建てたいなら、理想の家に近い写真を貼り付けておく。

（10）一万円札を額縁に入れて壁に飾っておく。西に黄色い絵を飾る。

（11）鬼門の南西の方向には、トイレや浴室や台所の水回りは作らない。裏鬼門の部屋の窓は夕暮れになる前に閉じる。寝室の寝床の枕の方向は北にする。北枕でいい。

（12）運のいい人とつきあう。運のいい人と仲良くなって、いい波動を受ける。コバンザメ戦略である。

（13）風水では自宅の台所で食事を作らないと金運が落ちる。台所で日常的に火を使っていないと金運が落ちる。中国では、主婦がキャリアウーマンで忙しい場合は、料理人を雇って台所を使う。料理人が雇えないなら自炊する。忙しくとも、せめて週に最低三日は自宅で料理しよう。

以上の運が良くなる方法の（9）と（10）と（12）以外は、私は実践し習慣にしている。効果はわからない。私は確かにブスで馬鹿で貧乏だが、これまでの人生を考えると運は強いほうだったと思う。何とか食べてこられた。欲しいものは買うことができた。だから効果はあるのだ。たぶん。

ポジティヴ・シンキングは危険

「引き寄せの法則」なんていうものもある。言い換えれば、ポジティヴ・シンキング（positive thinking）だ。良きことを考えれば、良きことが引き寄せられるし、良いことを思えば、良いように状況が展開するという考え方だ。

ポジティヴ・シンキングは、一九世紀アメリカで流行したキリスト教別派ニューソート（New Thought）を源流としている。マーチン・A・ラーソンの『ニューソート——その系譜と現代的意義』（高橋和夫その他訳、日本教文社、一九九〇年）を読んでみてください。

ニューソートとは、非常に平たく大雑把に言えば、以下のような思想だ。

「この世界は神が創造したのだから完璧である。なのに、あなたが不幸だとしたら、神の創造による世界の完璧さをあなたが信じていないからである。神の不在であるところの悪や欠損《けっそん》のほうをあなたが信じているので、悪や欠損があなたの人生に出現する。完璧なる神は宇宙に遍在《へんざい》している。したがって、あなたが不幸になるわけはない」

ニューソート的発想からすると、ガン保険に加入している人間はガンになる。ガンになる自分を想定し、ガン保険に加入したのだから、自分でガンを引き寄せたということになる。

この発想で行くと、核シェルターを用意すると、核ミサイルが飛んでくることになる。核戦争になった場合に備えて核シェルターを用意しておくことは、大地震に備えて水や食糧や簡易トイレセットの備蓄《びちく》をしておくことと同じことだと私は思う。

しかし、ニューソート的発想だと、神の恩寵《おんちょう》を信じていない人間だから、不幸を想定して準備するということになる。

そうなのだろうか。戦争が起きないと信じれば、戦争は起きないのだろうか。どこからも侵略されないと信じれば、侵略されないのだろうか。ポジティヴ・シンキングや、その土台となったニューソートには、ファンタジーと現実を混同させる危険性がある。

人間が何を考えようと、善きことも悪しきことも起きるときには起きる。世界に起きることは、私たちの思惑《おもわく》や願望や期待の外部にある。人間にできることは、いろいろな状況に備えて準備しておくことだけだ。

となると、善きことを心に抱きつつも、幸運を信じつつも、最悪の事態もいろいろ想定し、それに対処できるように備えておくというのが、適切妥当な姿勢ということになる。

「引き寄せの法則」が推奨するような類の無策の楽天的姿勢は、ただの思考停止であり現実逃避だ。納得できない方は、森博嗣の『悲観する力』（幻冬舎新書、二〇一九年）を読んでみてください。

スピリッチュアル詐欺師に関わらない

かくも、運が良くなると言われる行為はいっぱい紹介されてきた。これらの方法を片端から実践する価値はあると思う。カネのかからないことなら、どんどん試せばいい。ただし、カネを取るスピリッチュアル系詐欺師には関わらないことだ。ただでさえ、あなたは馬鹿で貧乏なのに、なおさら貧乏になる。その辺を歩いているような凡人に、超自然的な存在や神なる存在が降臨《こうりん》することはない。せいぜいがタヌキ霊か狐霊などの動物霊が憑依《ひょうい》するぐらいだろう。

本物の霊能者なら、スピリッチュアル系ビジネスのような胡散《うさん》臭い虚業《きょぎょう》で稼がなくても、正業《せいぎょう》でちゃんと有能に世の中に役に立っているだろう。あなたがいくら馬鹿でも、そのくらいのことはわかるはずだ。

前世の自分を知ってもしかたない。今のあなたが問題なのだから。パワーストーンをどんなに集めても、あなたがパワフルになることはない。私自身、いっぱいパワーストーンを買い集めたけれども、今となっては、メルカリにも出品できないゴミだ。

占い師に本気で相談してはいけない。あなたひとりの人生の問題など、あなたひとりで何とでもなる。国の運命を見ることができるような本物の占い師は街頭に出店していない。

あなたは馬鹿なので、自分の才覚で世の中を渡ることには、今ひとつ自信がないから、せめて運ぐらいは良くありたいと思っている。それは、いいことだ。若い頃から運が良くありたいと思い続けていれば、運が悪くなるような言動は慎《つつし》むから。

そうなるとある程度は道徳的に生きることになる。長い目で考えれば、そのほうがお得だ。犯罪はペイしない。反道徳的な言動はペイしない。

どんな罪を犯しても、どんなに非道《ひどう》なことをしても、罪を免れることができるような類の特権的な人間は存在する。いわゆる「上級国民」だ。しかし、貧乏な庶民のあなたには、関係ない世界の話だ。

1・6 学び続けること

国語能力をつける

あなたには身に覚えがあるでしょう。どんなに集中して聞いていても、学校の先生が説明していることの内容がサッパリわからなかったということが。教科書を読んでも意味がわからなかったということが。算数や数学の設問自体の意味するところがわからなかったということが。

それは、あなたが馬鹿で国語能力がないからだ。これを放置しておくと、長じては、家電製品のマニュアルや取り扱い説明書を読んでも意味がわからないということになる。役所への申請書の書き方が、説明書を読んでもわからないので、申請しないということとになる。

日本の民間保険会社のみならず、日本の役所も何でも申請式なので、申請しなければ、自分が長年かけて掛け金を払い込んだ保険金も年金も給付されない。確定申告の方法が理解できなければ、税金を必要以上に多く払うはめになる。

新聞記事を読んでも、理解できたつもりで全く理解できないということになる。新聞は購読しないからいいという話ではない。

繰り返すが、こーいう事態になるのは、すべてあなたの国語能力が足りないからだ。母国語であろうと、読むことも、書くことも、話すことも、聴くことも、練習しないと上手くできるようにならない。母国語だから自然に身につくというものではない。

日本語の語彙《ごい》が少なく耳で聴いて理解できない人はトラブルが多くなる。聴いてもわからないから聴くことを途中で放棄《ほうき》すれば、なおさらトラブルは増える。コミュニケーションのかなりは聞く力に依存しているのだから。

相手にわかるように日本語を組み立てることができない人もトラブルが多くなる。国語能力のない人は、最初に言うべきことを最後に言う。言うべきことを言わずに言わなくてもいいことを言う。

こういう人とつきあうのは面倒くさい。こういう人は、悪気《わるぎ》はなくとも孤立しやすくなる。すべて国語能力の低さが原因だ。

国語能力の習得と習熟《しゅうじゅく》は、あなたが楽しみつつ生涯かけてするべきことだ。あなたに国語能力がついていくにつれて、生きていることは面白く、ラクになっていく。

あなたは馬鹿なので、国語能力が開花するのは遅い。中年になってやっと蕾《つぼみ》がほころびかける段階に達する。それでいい。焦っても急いでもしかたない。馬鹿なんだから時間はかかる。

読むものは何でもいい

国語能力を高めるには、具体的にはどうすればいいか。大量の日本語に慣れることだ。それには読書しかない。

読むものは何でもいい。薄くて行間《ぎょうかん》が空いている本でいい。国語能力がないのに、岩波文庫や講談社学術文庫や分厚い専門書に挑んでも、途中で挫折する。

「長いまえがき」で言ったように、ほんとうに自分の糧になる本は、意外と雑本と馬鹿にされるような類の読みやすいエッセイ集だったりする。本書のような。

アメリカでは、小説（フィクション）を読むのは読書ではなく娯楽とされている。歴史や政治や科学書などの事実や真実（ノンフィクション）を読むのが読書とされる。

しかし、日本語ビギナーであり、かつ馬鹿なあなたは、何事も楽しくなければ継続できないので、面白いと思えるものをドンドン読めばいい。小説でも漫画でも雑誌でもカタログでも、何でもいい。

小説とかの多くの物語を知っておくのは決して無駄ではない。どんな荒唐無稽《こうとうむけい》な物語でも、それは現実の世の中に展開している出来事の相似物《そうじ》だから。物語は社会に参入《さんにゅう》していくときのあなたにとって、大雑把に描かれた地図や見取り図になる。

どんな大雑把に描かれた地図でも、何の手がかりもないよりはいい。虚構の中でうごめく人間たちは、あなたの周囲で生きる人間たちをあなたが理解する手助けとなる。

面白いと感じられないなら途中で読むのをやめればいい。一部だけ読むのでも構わない。まえがきと目次とあとがきだけ読むのでもいい。速読でも遅読《ちどく》でも、つまみ読みでもいい。ルールなどない。

青春期にいるあなたは、まず読書を習慣にすることだ。大量の日本語の記憶があなたの脳の中にある程度蓄積されれば、日本語を書く力もついてくる。聴く力も、話す力も、じわじわついてくる。

読書を忘れると、あなたの国語能力はてきめんに劣化する。自分の意見を言おうとしても、言葉が口から出てこない。一週間読書しなければ、あなたは言いたいことを簡潔に言えなくなる。そういうものなのです。

心を守る読書

読書は、あなたの国語能力を高めてくれると同時に、理不尽で不可解なことが起きがちな現実の世界からあなたを守るバリアにもなってくれる。

ブスで馬鹿で貧乏なあなたは傷つきやすい。そんなあなたに読書の習慣がないと、あなたはむき出しの無防備な状態で、ときに残酷な様相を見せる世界に対峙《たいじ》するはめになる。

二〇一四年にアメリカで興味深い本が出版された。モリー・グプティル・マニングの*When Books Went to War: The Stories That Helped Us Win World War II*だ。日本では、『戦地の図書館――海を越えた一億四千万冊』(松尾恭子訳、東京創元社、二〇一六年)という題名で出版された。

この本は、第二次世界大戦中のアメリカ政府が戦地の兵士に送った書籍が、いかに兵士たちの心の糧となり、兵士たちを支えたかを記録したものだ。

全米の図書館員たちは、国民から寄付された本を戦場の兵士たちに贈る「戦勝図書運動」(Victory Book Campaign)を展開した。マンハッタンの五番街にあるニューヨーク公立図書館には市民から寄付された本が山積みにされ、それらは戦地に送られた。その数二千万冊。

戦地の兵士のための「兵隊文庫」(Armed Services Edition)なるペーパーバックも創刊された。なんと一億二千万冊の兵隊文庫が供給された。

二〇歳の海兵隊兵士は、戦場で自分の心が死んでしまったと感じていた。マラリアで入院していたときに兵隊文庫の一冊を読んだ。すると自分の心に感情が復活し心が生き返ったのを感じた。その兵士は、その喜びと感謝を作家に書き送った。

戦地でのストレスと恐怖を忘れさせてくれるものとして、読書はもっとも簡便な方法だった。兵隊文庫を軍服のポケットに突っ込んでいない兵士はほとんどいなかったという。徴兵され戦地に来て、初めて読書をするようになった兵士もいたという。常に集団生活の軍隊生活において、兵士が自分自身の世界を守る方法としても読書は機能した。読書は生産的な孤独というものを読者に提供する。

この兵隊文庫というペーパーバックが、第二次世界大戦後のアメリカのペーパーバック隆盛の起源となった。廉価《れんか》なペーパーバックになった書物は、アメリカの中産階級の教養を形成した。

死闘が繰り広げられた悲惨で過酷な戦場においても、読書は兵士の精神を守った。読書はあなたの心も守ってくれる。

読書の効用は、癒やしと辛い現実からの建設的逃避だけではない。読書は、自分の状況を対象化することも教えてくれる。

自分の状況を対象化するということは、もうひとりの自分が自分の状況を眺めるようなものだ。状況を俯瞰《ふかん》するということだ。これを「メタレベルに立つ」と言う。形而《けいじ》上《じょう》的に考えるというのは、こういうことだ。

自分の実体験や観察を認識し解釈するために、今まで読んできた物語や情報の中から自分の状況と似たような状況を見つけて比較することができるのも、読書の効用だ。

ブスで馬鹿で貧乏なあなたこそ、読書を習慣にしないと、サバイバルできない。あなたは米軍兵士ではないので、政府から無料で兵隊文庫が供給されるわけではないが、その代わりに無料で書籍を貸し出してくれる公立図書館は日本のどの町にもある。古書ならば安く入手できる。

税金と社会保険について学ぶ

心を守る読書と平行して、この社会の仕組みを知るために、「税金の本」と「社会保険の本」を、私はあなたに読んでもらいたい。このテーマの本は、いくらでも書店に並んでいるので、テキトーに選んでください。手っ取り早く、あなたが生きる社会の仕組みを知りたいならば、税金と社会保険の知識はマストだ。

あなたが起業しているとか、ハンドメイドのものを売っているとかでなく、賃金労働をしているのならば、どんなに低賃金であっても、あなたの賃金からは前もって所得税が差っぴかれている。これを源泉徴収《げんせんちょうしゅう》と呼ぶ。

極めて低収入の場合は確定申告をすれば、源泉徴収されたお金が返金（還付《かんぷ》）される。

低収入のくせに寄付すれば、寄付した金額は収入から控除《こうじょ》され、収入から源泉徴収されていたお金の何がしかは、やはり返金される。

ただし、駅前のよくわからない街頭募金に寄付しても控除されない。税務署が認めた組織でなければ、寄付したとは認められない。

不思議なことだが、小学校でも中学校でも、税金や社会保険の仕組みについて詳しく教えない。国語の時間には、税や社会保険に関する法律文を読んで理解できる訓練をしてもらいたいものだと、ずっと私は思ってきた。

そうしたら、二〇二〇年度から高校の国語の科目構成が変わると聞いた。文学作品に偏らない多様な文章を理解し、論理的に自分の思考を表現する能力を養う「論理国語」という科目が新設されるそうだ。

高校からといわずに、小学校からでも、法律文や、いわゆる「霞《かすみ》ヶ関《がせき》文学」(霞ヶ関の中央官庁の公式文書の作文)を音読すると、お役所文書の故意の難解さ曖昧《あいまい》さ意味不明さに耐性《たいせい》ができるのではないか。

小学生のときに、税金や社会保険の仕組みをしっかり学べば、国民から収奪した税金と呼ばれるカネを、もっとも効果的に無駄なく使用されるように配分し監視することが政府のすべきことであると理解できる。本来ならば。

さらに、国民健康保険や国民年金や厚生年金なるものは保険であって、その保険の掛け金は、被雇用者ならば、将来の自分の毎月の給与からあらかじめ差し引かれ、積み立てられ、病気のときや、高齢期には、そのカネが使えるので、ちゃんと働いて保険の掛け金を払えるようになろうと思えるはずだ。

さらには、途中解約できないし、解約しても解約返戻金《へんれいきん》が出ない保険は保険とは言わないから、日本の社会保険は、「保険」ではなく、「税金」の別名であることもわかる。

将来的には年金制度が破綻すると危惧されているが、それは少子高齢化だけが原因ではない。積み立てられていた年金原資を、天下り先の機関設立のためであれ、運用であれ、役人が流用したことも原因のひとつだ。

しかし、つくづく私は思う。「税」というものを考えついた人間は天才だ。税でしかないのに、「社会保険」と呼ぶことを思いついた人間も天才だ。人間の悪知恵の限界のなさには、ほとほと感心するというより感動する。

こういうからくりも小学生の頃に知っておくと、政府や役所に依存的になることもないだろう。

社会は、勝手に自然に動いているのではなく、人間が作った仕組み（システム）によって運営されている。つまり、人間によって変えることができる。変えることができないものなど、人間の世の中のルールにはない。

このような基本的なことは小学校時代に徹底的に理解しておくべきことだ。しかし、日本の初等教育の不備のために、つまりは日本の民度の低さのために、あなたは青春期になって、あらためて独学自習しなければならない。

でも遅過ぎることはない。自分の給与明細書《めいさいしょ》をじっと見つめながら、税と社会保険について学ぼう。

加えて、法治国家の日本国の骨組みである法についても学べれば理想的だ。大学の法学部に行かずとも、法を学べば、知識は力なりという言葉の意味を実感できる。

たとえ、「法の下の平等」が建前《たてまえ》でしかないにしても、人間は建前という法に則《のっと》った正論を主張して戦うしかないのだから。

マナー本と手紙サンプル本の効用

青春期に読んでおくべき本として、マナー本と手紙サンプル本も重要だ。日本社会の中ではどのような振る舞いが適切で礼儀にかなっているかについて教えてくれるマナー本は、読んでおくと便利だ。このテーマの本もいっぱい出版されている。

郵便の手紙でも、電子メイルでも、どのような書き方が礼儀にかなっているのかも知っておきたい。

あなたが貧乏であるばかりでなく、適切な振る舞いを子どもに教えることができない親に養育された場合は、あなたは社会でまっとう（decent）であるとされる慣習を知らないままに社会に出ることになる。

たとえば、あなたが急いでいて他人が歩いている目の前を横切るしかないとする。この場合、「失礼します」と申し訳なさそうに会釈《えしゃく》してあなたが横切れば適切な行動だ。あなたが黙って横切れば、これは無神経で無礼な行為になる。

あなたが聡明な人であるのならば、テレビ番組を眺めているだけでも、日本人に期待されている振る舞いがどういうものであるか学習できる。古い日本映画を見つめて、そこに登場する古き良き中産階級の人々が使っていた日本語表現を学べる。そこから現代日本でもあまり違和感のない振る舞いや言語表現を類推できる。

しかし、残念ながらあなたは馬鹿だ。娯楽の中からでも学べる力がない。だから、マナー本を読む必要がある。それだけでも、たとえ、あなたの育ちが悪くても、それがあからさまにならない程度の振る舞いや言語表現は身につく。

女性の場合、「育ちが悪いよね、あの娘は」と思われることは避けたほうがいい。男性でも、そう思われることは避けるべきだが、女性のほうが、「礼儀知らずで育ちが悪い」と思われることの悪影響は大きい。

そうです。女性差別です。しかし、事実ですから、しかたない。

私は「お嬢さんぶれ」と言っているのではない。ただ、こういうことは言える。「あなたがお嬢さんぶっても、無料だし、誰にも迷惑はかけないのですから、どれだけお嬢さんぶってもいいですよ」と。

あなたが日本社会において、きちんとした若い女性に期待される振る舞いをしたからといって、環境に負荷もかからない。誰かを傷つけることもない。もっぱら、あなたの利益になる。

会釈ひとつ、挨拶ひとつ、ものの食べ方ひとつ、ものの飲み方ひとつ、ものの言い方ひとつで回避できる他人からのネガティブな評価というものもある。マナーのいい人をじっと観察して真似てみることもいい。

手紙サンプル本の効用も大きい。電子メイルであなたが送る短い礼状の文章が、礼状として適切であるためには、やはり礼状としての模範的文章を知っておくべきだ。そのような定型的文章のサンプルに無知なだけなのに、「文は人なり」ということで、あなたの人格が否定的に評価されることもある。

運とはプレゼンテイションだ。表現だ。あなたの中身がどうであれ、外に表出されたもので、あなたは判断され評価される。

だからこそ、国語能力を磨くことが大事になるし、振る舞いや言語表現が大事になる。昨今《さっこん》は、テレビに登場するある種の芸能人のせいか、下層階級的振る舞いや言語表現がカッコいいと思われる。しかし、そんなものが通用するのは、まともな社会では、せいぜいが二〇歳までだ。

日本社会で生きていくつもりならば、礼儀にかなった振る舞いや言語表現を知っておくことは、あなたを確実に守ってくれる。

あのアメリカでさえ、礼節の科学を説くようになった。クリスティーン・ポラスの『Think CIVILITY「礼儀正しさ」こそ最強の生存戦略である』(夏目大訳、東洋経済新報社、二〇一九年)を読んでみよう。

馬鹿に最適な語学学習

日本語能力を高めること、そのために読書を習慣にすること、読むのは何でもいいこと、心を守るためにも読書は必要な習慣であること、税金や社会保険や法について学ぶこと、マナー本や手紙サンプル本を読むことが必要であることなどについて、私は指摘してきた。

さらに、お馬鹿なあなたには、何かひとつ外国語を学習することを、私は敢えて強く推奨《すいしょう》する。人工知能の発展により、精巧な翻訳機も開発されつつあるので、外国語学習などする必要がなくなるという説もある。それはそうなのだろう。

しかし、人間が生身の高等生物である限り、それなりに脳に刺激を送らねばならない。馬鹿なあなたにもできる知的刺激としての学習行動で、かつ実用的効用もあるといえば、それは外国語学習になる。

理由は三つある。第一に外国語学習の基本は反復だから。頭が悪くても、反復ができれば何とかなる。あなたはまだ国語能力がなく、理解力も思考力もないので、ややこしいことは無理だ。外国語ならば、日常で使用する文章をひたすら反復していれば、日常会話ができるぐらいまでのレベルには必ず行ける。

第二の理由としては、日本では外国語がちょっとできるだけで、自分を差異化できるから。日本人は、外国語ができなくても日本国内で不便なく生きていけるので、外国語が苦手というより外国語学習をしない。

だから、内容のない単なる日常会話や世間話を外国語でできるというだけで、日本人一般は尊敬してくれる。これを使わない手はない。馬鹿なあなたこそ外国語学習をすべきだ。

第三の理由として、外国語学習は青春期にしか習慣にならないから。外国語学習の基本は反復なのだから中年期以降でも大丈夫なのではないかとあなたは思うかもしれない。それは間違いだ。中年や老人には、外国語学習という反復作業の退屈さに耐える体力がない。

水泳選手は中学生や高校生ぐらいには、グングンと速く泳げるようになる。泳いでいること自体が嬉しくてしかたないからだ。魚でいる自分が楽しい。水の中を行ったり来たりすること自体が楽しい。しかし、二〇歳を超えるくらいになると、ただただ水の中で泳いでいることに退屈を感じるようになる。そうなると記録が前ほどには伸びなくなる。

それと同じことだ。語学学習は青春期でなければ、ほんとうはできないことだ。ただし、青春期に外国語学習を始めてしばらく継続したが、中断し、中年期や老年期に再開するということはありえる。

一般的に、老年期になってできることは、すべて三〇歳になるまでに一度は試みたことかもしれない。若いときに油絵を描いていれば、七〇歳にまた油絵を始めることができる。

何にしても、外国語学習こそ、馬鹿なあなたが青春期にしておくべきことだ。別に外国語使用を賃金労働に活かす必要はない。外資系企業に就職することを薦めているのではない。海外に職を求めよと言っているのでもない。

馬鹿なあなたにも継続できる数少ない知的分野で、かつ青春期にしかできないことが外国語学習であると指摘しているだけだ。

さて、ブスで馬鹿で貧乏なあなたが青春期にクリアしておくべき課題について、いろいろ私は指摘してきた。あなたでも、ちゃんと実践できることしか書かなかった。ですから、必ずできます！　安心して挑戦してください。

Part 2

過労消耗中年期

（六五歳まで）

2・1 中年の危機

中年期は苦しい

本書では中年期を六五歳までとする。現代は年金支給年齢も遅くなりつつあるので、ほとんどの人は六五歳ぐらいまでは賃金労働に従事する。ザックリと六五歳までは現役の中年と考えていい。二一世紀に生きる人間にとっては、それぐらいの感覚でいるのが妥当だ。

この中年期も大変だ。さらに危機がいっぱい。女性にとってはもっとも危機に満ちている時期だ。ピンチはチャンスとも言うが、危機だからこそ面白いとも言える。

ブスで馬鹿で貧乏な低スペックのあなたの人生が苦闘に満ちているのは当然だが、しかし三七歳まではまだラクだった。

三七歳過ぎると、いくら馬鹿なあなたでも、自分にも他人にも言い訳ができなくなる。結果を出せないことは、結果を出す能力がないということでしかないと自分でもわかる。

身も蓋もないことを言うが、人生の勝負は四〇歳になるまでには、ほぼ決まってしまう。二〇代や三〇代に、どれだけ頑張ったかの結果が出るのが四〇歳以降だから。

ほんとうは、もう子どもの頃から人生ゲームは始まっているが、あなたは馬鹿で貧乏なので出足《であし》が非常に遅れた。ゲームが始まっているという意識もなく育った。貧乏というのは、単にカネがないということではなく、情報弱者でもあるということだ。

あなたが地方出身とか、親に愛情はあったし小金《こがね》も持っていたが、情報は持っていなかった場合も、あなたはのん気に人生を始めるはめになる。気づいたときには、ゲームがほぼ終了しかけている。

大丈夫です。それでも生きていけます。あなたなりのゲームを粘り強く継続しよう。

その覚悟をあらたにするのが、この中年期だ。

この中年期は、女性一般にとって、「オバサン」と呼ばれるようになることに耐え、それに慣れ、ついには何も感じなくなる道程でもある。

三七歳まではブスなあなたでも若い女であったので、若さなりの花も華もあった。たとえ小さく地味な花でも、花は花だ。

三七歳過ぎると、見にくくない自分でいるために、それ相応の努力がさらにさらに必要となる。面倒くさいことだけれども。

三七歳過ぎると着るものに困る。何を着てもピンとこなくなる。三七歳までは、「ユニクロ」や「しまむら」や「無印良品」のプチプライスで固めたファッションでも、充分にいけた。九八〇円のTシャツに、ジャラジャラと真鍮《しんちゅう》のネックレスをぶら下げて、それでよかった。

ほんとうは、ブスのあなたは、ずっと前から何を着ても似合わなかった。それでも、若さの持つ華やぎで、何とか自分の目も他人の目も誤魔化していたに過ぎなかった。しかし、三七歳ともなると、いよいよ自分の現実をつきつけられる。

せめて「見にくくないもの」を身につけよう。下品でないように気をつけよう。

一時期、二一世紀に入ったばかりの頃だったろうか、アメリカ人の真似なのか、胸の谷間を見せるようなファッションが流行した。若い女性ばかりでなく、中年や初老の女性まで存在しない胸の谷間を見せようとしていた。

うっかり、ああいうものに乗せられないように。三七歳過ぎたブスで馬鹿なあなたの胸の谷間など誰も見たくない。

中年期になって、いろいろ鬱屈《うっくつ》をかかえているのは、あなただけではない。ジェーン・スーさんのエッセイを読んで元気になってください。『貴様いつまで女子でいるつもりだ問題』(幻冬舎文庫、二〇一六年)とか、『女の甲冑《かっちゅう》、着たり脱いだり毎日が戦《いくさ》なり。』(文春文庫、二〇一八年)とか。八人の中年女性たちとの対談集『私がオバさんになったよ』(幻冬舎、二〇一九年)もお薦めする。

そうすると、あなたは気がつく。東京で活躍しているような女性たちだからこそ、オバサンになったときの鬱屈は小さくないらしいと。

ところが、あなたはさほどのショックを感じていない。あなたは、ブスで馬鹿で貧乏なので、輝かしい青春期がなかった。オバサンになっても、喪失感は小さい。よかったですね。

自分がブスで馬鹿で貧乏であることの逆説的値打ちを、これからもっと年齢を重ねるにつれて、あなたは知ることになる。世の中は、意外と公平にできている。認識できる人には認識できるこの種の「公平さ」というものを、あなたが理解できるようになるのは、まだまだ先のことになるかもしれないが。

人生に突然の飛躍や覚醒はない

ブスで馬鹿で貧乏なあなたも、中年ともなると、わかってくる。人生に突然の飛躍や覚醒《かくせい》はないということが。

あなたは馬鹿だから、いい年齢になっても、以下のようなことを期待している。ある朝に目覚めたら人生がばら色になっているとか。待ちに待った甲斐があって白馬の王子様のような理想の男性が出現するとか。あたかも神からの啓示《けいじ》を受けたかのように脳がフル稼働し始めて頭脳明晰になるとか。

あなたが運を良くするための本を読み漁ってきたのは、突然に運が良くなり今の不満の多い人生が激変することを期待したからだ。激変とまでは行かずとも、そこそこの飛躍ぐらいはできるかもしれないと期待したからだ。

スピリッチュアル系産業やオカルト系新興宗教は、そういう欲につけこんで、あなたを騙しに来る。何千万円もするこの壺《つぼ》を購入すれば、成仏できていない先祖たちが昇天し、あなたの家系の問題が解決するとか言い立てたカルトが一九七〇年代から八〇年代にかけて日本でも隆盛していた。

成功セミナーも、このセミナーに出席すれば、あなたの人生が変わりますとあなたに訴えかけてくる。ほんとうに成功している人は成功セミナーなど他人のために開催している暇はない。

二〇一九年現在でも、二〇二〇年東京オリンピック以降に、リーマン・ショックなど比較にならない未曾有《みぞう》の経済危機が来るから、資産防衛しましょうと煽り立てるセミナーの宣伝がインターネット空間に出没している。

ほんとに資産防衛できるセミナーならば、一般人に公開されるはずがない。そんなうまい手があれば、宣伝などしなくても、口コミである種の人々のインナーサークルだけに広まる。

現実とファンタジーをゴッチャにしやすい馬鹿なあなたは、ほんとうにこれらの類の人々のカモになりやすい。考えるのが不得手のあなたも、よくよく考えてみてください。この世にうまい話はない！

まあ、邪気《じゃき》を寄せつけないとか元気になるとかの理由で、二万円程度の水晶（プラスチックか水晶クズを固めたもの）のネックレスを買わされる程度のことなら、どうということはないが。

スピリッチュアル系産業やオカルト系新興宗教と言えば、一九九五年に地下鉄サリン事件を起こして逮捕されたオウム真理教の信徒たちには高学歴の医師も混じっていた。看護師もいた。科学者も技術者もいた。そのような知的専門職の人々が、なぜカルトに騙されてしまったのか。

彼らや彼女たちの共通点は、その中途半端な優秀さだった。自分の正業の現場で徹底して自分の仕事に集中することができなかった。地道に根気よく忍耐強く働いて実績を積み上げることができなかった。中途半端に優秀だと、つい余計なことを考えてしまうのだ。

彼らや彼女たちは、努力しても自分の正業の分野では一流にはなれないし華々しい活躍ができないことに焦燥《しょうそう》や寂しさや自己不信を感じてきた。それらを一掃《いっそう》するために、彼らや彼女たちは、オカルトによる超能力開発に賭けた。

オカルトによる、あるいはカルトによる一発逆転、敗者復活、生活一新、二階級特進なんて、現実にはありえない。現実の世界における充実や自分なりの達成感は、現実的な力の蓄積からしか生じない。その力の蓄積による進化や向上には時間がかかる。一〇年ぐらいでは無理だ。

なのに、彼らや彼女たちは、超能力による速《すみ》やかな飛躍を夢みた。彼らや彼女たちの中途半端な優秀さは、この現実とファンタジーの区別がつかない点にも現れている。

ブスで馬鹿で貧乏なあなたは、人生には突然の飛躍も覚醒もなく、超能力が開発されることもなく、運が唐突に良くなるわけでもないということを、ゆめゆめ忘れてはいけない。

今している努力の成果は最短でも一〇年後にしか実らない。実ったとして、だ。

人生は必ずしも実らなければならないものでもない。そもそも何がほんとうの成果なのか、わからない。

ただ、目の前のすべきことに集中して確実に淡々と努力するしかない。遅々たる歩みを重ねるまっとうな日々の蓄積である自分の人生を、堂々と落ち着いて引き受けるしかない。それができる人間こそが、ほんとうに優秀なのだと私は思う。

しのごの言わず賃金労働に勤《いそ》しむ

三七歳時点で正規雇用職に従事しているあなたならば、リストラされない限り、そこにしがみつくことだ。自己実現とか生きがいとか、どうでもいい。

繰り返すが、同僚も上司もろくでもなくて普通だ。三七歳過ぎて、傷ついていても誰も同情しない。給与と社会保険さえ保証されていればいい。

三七歳時点で非正規雇用職に従事しているあなたは辛い。非常に辛い。ブスで馬鹿で貧乏な人生の寂しさに慣れているあなたでも、やはり寂しく辛い。

それでも、ほかにやれることはないのだから、ただただ労働すればいい。カネのために労働することほど、人間をして学ばしむことはない。これほど、あなたを鍛《きた》えてくれることはない。

世の中には、四〇歳過ぎたらリタイアして好きなことだけして生きて行くと心に決め、二〇代や三〇代に必死で働いて資産形成している人間もいるのに、自分は……と他人と自分を比較してもしかたない。

自分の足元を見るのみだ。やれることをやるのみだ。やれることをやっているのならば、悩む必要はない。他人との比較など無駄なことだ。あなたはあなたの人生を生き切ればいい。

生活費を十分に稼ぐ夫がいるなら家事と育児に専念すればいい

ここは既婚で、夫が誠実で、かつ収入もそこそこあるので、家事や育児に専念できる女性を対象に書く。

あなたは幸運です。強運です。いまどき、真面目な責任感のある男性と結婚して、その男性にそこそこ年収があり、その年収が六五歳くらいまでは確保できる見込みがあるのならば、素晴らしいことだ。

それがほんとうは女性の理想だ。いや、ほんと。私はフェミニストではあるが、できれば経済的に非常に余裕のある専業主婦として、家を清潔に保ち、料理上手になり、快適な家で子どもをいっぱい産んで育てたかった。天からの授かり物である子どもをふたり以上まともに育て上げて社会に送り出せば、立派に社会的責任を果たしたことになるのだから。

しかし、若き日の私は、自分はブスで馬鹿で貧乏なのだから、「裕福で優雅な専業主婦の暮らし」はできないと思った。経済的自立こそが、私が所属する社会階層に生まれた女性にとっての安全保障だと一〇代の頃に固く思い込んだ。

私はブスで馬鹿で貧乏なのだから、理想に近い男性に選んではもらえないと予測した。選ばれるべく努力するのも面倒くさかった。そもそもが、あまり他人をあてにできない気質だった。自分で何でもやってしまおうとする気質だった。ついでに好きだからという理由で好きな男と結婚できるのは、自分で食ってゆける女だけだと思い込んでいた。

振り返ってみれば、若き日の私は、あまりに用心深過ぎたのかもしれない。蛮勇が足りなかったのかもしれない。自分の人生を自分で開拓する勇気はあったが、他人を信じて生活費獲得労働を他人に委託するという蛮勇がなかった。女性としては気が弱過ぎた。しかし、それが私であったのだから、しかたない。

ともかく、あなたは、専業主婦であることに引け目など感じる必要はいっさいない。その状態に感謝しつつ、家事と育児に専念すればいい。

家事はきちんとやればきりがない。毎日、栄養バランスを考えた食事を提供することは馬鹿ではできない。必要とされる家事も、時代によって違う。今は、金銭管理、税金対策、保険対策、投資なども必要な家事だ。

あなたのお子さんも勉強することがいっぱいであるように、専業主婦であるあなた自身にも勉強することがいっぱいだ。いまどき、テレビを見て近所の主婦と井戸端《いどばた》会議（という言葉がかつてあった）ならぬ世間話を延々とマンションのロビーでしているような主婦などいない。

現代は学校教育も社会教育も機能不全になりつつある。ならば、この世界で、最後の砦《とりで》は家庭なのだ。主婦が愚かだと、その砦は容易に陥落する。

中年期に見えてくる日本の仕組み

先にオウム真理教の信徒になった人たちについて言及した。一九九〇年代の彼らや彼女たちは、カルト集団で世の中を変えることができると思い込めたほどにナイーヴだった。自分たちが日本を作り変えて再生できるのだと、革命を起こせるのだと思い込めるほどにナイーヴだった。

そのためには、多少の犠牲はやむをえないと、地方の住宅街や乗客でいっぱいの東京の地下鉄車両にサリンを撒《ま》いた。カルト被害者の支援をしていた弁護士一家を殺害した。

二一世紀に生きるあなたには、彼らや彼女たちのようなナイーヴさは持てない。あなたたちの世代は、すでに陰謀論史観の洗礼を受けているから。

二一世紀に入ってからおびただしく出版されるようになったものに、陰謀論史観がある。陰謀論史観とは、教科書に掲載されているような表向きの歴史ではない裏の真実の歴史があり、誰か少数の権力者の共同謀議《ぼうぎ》によって世界は動かされているという世界観だ。

すでに、中年になったあなたたちなら、そのような真実暴き言論のような本も数冊は読んだことがあるはずだ。

たとえば、日本は、国民主権の議会制民主国家に見えるが、実体は皇室と姻戚《いんせき》関係を結んだ明治の元勲《げんくん》の子孫や江戸期の大名の子孫の閨閥《けいばつ》ネットワークに属する人間が総理大臣職を持ち回りで務めてきた貴族制の王国だ。

このネットワーク関係者が財閥《ざいばつ》を形成し、今に至る財閥系企業の株主を務めてきた。財閥系企業の経営者はそのネットワーク関係者の使用人に過ぎない。そのネットワーク関係者の子弟たちは、財閥系企業に代々縁故《えんこ》採用されてきた。

SNS界には、この「皇室と姻戚関係を結んだ明治の元勲の子孫や江戸期の大名の子孫の閨閥ネットワークに属する人間」や「彼らの作った財閥の代々忠実な使用人」は、名門私立大学はもちろんのこと有名国立大学にも裏口で入学できるのだという投稿がされたりしている。

アメリカでは、卒業生が多額の寄付をすれば、その子弟は名門大学に入学できる。ケネディ大統領がハーバード大学に入学できたのは、父親の寄付金のおかげだったことはよく知られている。アメリカ人の多くは、アメリカ合衆国は一種の貴族制国家だと知っている。

日本人は私立大学ならば医学部であろうが情実入試はあるだろうが、さすがいくらなんでも国立大学の入試は公平だろうと思っているが、そうでもないらしい。国立大学の帰国子女入試は、官僚や経団連系大企業の社員の子女救済のために設定されたらしい。真偽はわからない。わかるはずない。

とはいえ、「皇室と姻戚関係を結んだ明治の元勲の子孫や江戸期の大名の子孫の閨閥ネットワークに属する人間」や「彼らの作った財閥の代々忠実な使用人」が実際は日本を動かしているという見解は、おそらく事実に近いのだろう。

そうでない一般庶民は、東大を卒業しようが、単なる勉強エリートであり、日本の支配層の使い走りでしかない。

このあたりのことは、広瀬隆の『日本近現代史入門――黒い人脈と金脈』（集英社インタナショナル、二〇一六年）をお読みください。

神一行《じんいっこう》の『閨閥――特権階級の盛衰の系譜』（角川文庫、二〇〇二年）も面白い。参考文献リストがついているから、あなたがさらに深く知りたい場合に有益だ。

菊地浩之の『最新版　日本の15大財閥』（角川新書、二〇一九年）も面白い。

三権分立《さんけんぶんりつ》の原則に則って、立法や行政から独立しているはずの司法が支配層の走狗《そうく》らしいことも、じょじょに知られてきている。法治国家であるはずなのに、検察が日本政府の意図や日本政府の背景にある外国の意図に沿った国策捜査をし、事件を捏造し、国益のために働く政治家や官僚を犯罪者に仕立て上げた冤罪《えんざい》の数々についても知られてきている。

たとえば、佐藤優《さとうまさる》の『国家の罠――外務省のラスプーチンと呼ばれて』（新潮社、二〇〇五年）や村木厚子《むらきあつこ》の『日本型組織の病を考える』（角川新書、二〇一八年）は、検察が最初に結論ありきの恣意《しい》的な捜査をすることを教えてくれる。

厳正に法に従い、政府にとって都合の悪い判決をするような裁判官は最高裁判事にはなれないことを瀬木比呂志《せぎひろし》の『絶望の裁判所』（講談社現代新書、二〇一四年）が教えてくれる。

警察上層部の腐敗については、仙波敏郎《せんばとしろう》の『現職警官「裏金」内部告発』（講談社、二〇〇九年）が教えてくれる。

特別な家柄出身でないが頭脳明晰な秀才たちは、官公庁や財閥系大企業に所属するために受験勉強に勤しむ。就職後の彼らのやることは支配層の支配の強化と維持だ。それがこの支配構造の中で庶民が生き抜くのにもっとも有利な方法なのだから。まあ、あなたには関係ないことだけれども。

中年期に見えてくる世界の仕組み

しかし、日本の支配層の上には、まだ上がいる。ということも、すでに中年になったあなたなら、どこかで読みかじったことがあるはずだ。

たとえば、吉田祐二《よしだゆうじ》の『日銀——円の王権』（学習研究社、二〇〇九年）は、日本の特権的支配層を動かす国際金融資本について教えてくれる。

カネが世界を動かすとは、どういうことか？　銀行がカネを貸せば、人々はそのカネを元手に起業したり、事業を継続したり、住宅購入したり、経済活動が活発になる。

銀行がカネを貸すことを控えれば、社会の経済活動は鈍る。インフレだの、デフレだの、バブルだのは、銀行が貸すカネの量によって決定される。

銀行がカネを貸さないのはなぜか？　それは中央銀行がカネを各銀行に出さないから。バブル期のように銀行がやたらカネを貸したがるのはなぜか？　それは中央銀行が各銀行にカネを出すから。

各銀行は、中央銀行の指令どおりに動くしかないシステムになっている。問題は中央銀行だ。アメリカならば連邦準備制度理事会（ＦＲＢ）。日本ならば日本銀行。英国ならばイングランド銀行。欧州連合ならば欧州中央銀行（ＥＣＢ）。スイスならばスイス国立銀行。中国ならば中国人民銀行。ロシアならばロシア中央銀行。

日本銀行が日本におけるカネの流通量を決めるとするのならば、景気後退だの、恐慌だの、インフレだの、デフレだの、バブルだのを作り出すのは、日本銀行という日本の中央銀行（国立銀行ではなく株式会社である民間銀行）だ。

日本人の生活の要《かなめ》であるカネを支配するのが日銀ならば、日本の真の支配者とは日銀だ。首相でもなければ天皇でもない。「円の王権」とは、そういう意味だ。そういう類の支配者は、もともとは日本にはいなかった。江戸時代にはいなかった。

では、どういう経緯《けいい》で、そのような国王は生まれたのか。幕末に鎖国を解禁させられた日本に投資して儲けたいロスチャイルドとかモルガンとかの金融資本家たちが、日本を傘下《さんか》に組み込むために日本銀行を創立させた。明治の元勲《げんくん》たちの背後に彼らがいた。

『日銀――円の王権』は、「代々の真の日本の国王」たる日銀総裁とは、どのような人々だったのか、どのように日本を動かしたのか、いや、どのように日本を動かすように命じられてきたのか、について書かれた本だ。

『日銀――円の王権』は、この世界の対立とは、煎じ詰めれば、「貧乏人対支配階級」の対立だけだと言う。中央銀行という隠れ蓑《みの》を身につけてカネの量を操作して世界を支配する国際金融資本家たちと、そうではない人々との対立であると言う。

国会議員も高級官僚も、そのあたりの普通のお金持ちも、企業主も、東京大学教授も、病院長も、人間国宝も、実はみな貧乏な大衆だ。中央銀行を操作して世界に流通するカネの量を加減したり、「信用」だけで、とんでもない巨額の金をヴァーチャルに生み動かして世界経済を撹乱（かくらん）させたり、戦争を起こしたりすることはできない大衆だ。

この世界は、すべてそれらの特権的支配層が仕組んだもの。そう、あなたも、私も、その仕組みに翻弄されて生きるしかない大衆。この仕組みにがんじがらめにされた世界以外に生きる世界がない貧乏な大衆。新しい世界など構築できない頭の悪い非力《ひりき》な大衆。

この大衆は、ほんとうの共通の敵を見ず、貧乏な大衆同士で足をひっぱり合っている。貧乏な大衆同士で足をひっぱり合わせることは、「分断して統治する」という支配の常《じょう》套《とう》手段だ。

ひょっとしたら、日本の支配構造を暴く数々の出版物も、日本人を結束させずに分断したい勢力の戦略の一部かもしれない。陰謀論そのものが、より大きな陰謀を隠蔽《いんぺい》する言説《げんせつ》かもしれない。

何を私は言いたいのか？

要するに、ブスで馬鹿で貧乏なあなたも、中年になったら、この世界の構造がちょっとは目に見えるようになってきているのだから、小さなコップの中の嵐に翻弄《ほんろう》されないようにしましょう、ということだ。

あなたの抱える人間関係のトラブルなど、広い視野の中に置いてみれば、「なんぼのもんじゃ」だ。ほんとうの敵は、あなたの同僚でもないし上司でもないし、勤務先でもないし、日本の政権でもない。

ピラミッド社会における中年のあなたが実践すべきこと

私たち一般ピープルというのは、中央銀行を作るような祖先を持っていないのだから、遺伝子的に何か足らないのかもしれない。

だから、真実がわからずに、瑣末《さまつ》なことに翻弄され、憎んでもしかたない人間を憎んだりするのかもしれない。共通の敵を見定めるのではなくて、自分だけ損しているのではないかと被害妄想にかられやすいのかもしれない。共闘するよりも、仲間内で足をひっぱることぐらいしかできないのかもしれない。

苦しむこともないのに苦しみを生み出し無駄に消耗する。不安に翻弄されて無意味に疲れる。ただただ無知なままに食べて寝ているだけで、人生という一度しかない時間をウカウカ過ごす。

そう、私たち大衆は遺伝子的に何か足りない。何が足りないのか？

人類の遺伝子は九九・九％は共通しているそうだ。ロスチャイルドだろうが、ロックフェラーだろうが、モルガンの遺伝子だろうが、その九九・九％は、あなたや私と同じ遺伝子らしい。ならば、「彼ら」と私たちを分ける遺伝子の残り〇・一％の中身は何なのか？

たとえば、「彼ら」は、ものすごく自己肯定力がある。自分の人生が幸福であることを前提として人生を始める。「彼ら」は負ける自分、不幸な自分、弱く惨めな自分、孤独で孤立した自分、社会の動きに翻弄され襤褸《らんる》（ボロのこと）のように疲弊《ひへい》する自分など想像できない。負けないように仕組まれた仕組みの上に乗っているので、それは当然だ。

自分の人生の支配者としての自己確信が意識できないほどに内面化されているので、「彼ら」にとっては、失敗や挫折を想像する習慣がない。そんな否定的なことが、自分の人生に起きるはずがないと信じて疑わない。何かとてつもない不運が自分を襲うのではないかなどと取り越し苦労することもない。

「彼ら」は傷つかない。多少の不都合が起きても、すぐに修復する。ついでにその不都合がより大きな利益を自分にもたらすという前提で生きている。

だから、愚痴を言っているような時間の浪費はしない。何だって、結局は自分にとって都合よく進むと思っている。だから、テキパキ動くけど、気は長い。焦燥というものとは縁がない。

「彼ら」は元気だ。陽気だ。体力がある。細胞が生き生きとしている。免疫力がある。毎日快食で快眠だ。ついでに快便だ。一日に二回は便が出る。九〇歳過ぎてもサッサと早足で歩く。膝が痛くない。老いても顔の色艶がいい。血色がいい。皺が少ない。眼も生き生きと光り動く。

『日銀――円の王権』の著者の吉田氏は、二〇〇九年に政策協議組織の（日米欧）三極委員会出席のために来日した九四歳のデイヴィッド・ロックフェラーを東京の一流ホテルのロビーで目撃したときに、「矍鑠《かくしゃく》としているのに驚いた」そうだ。

あなたは、九四歳にして外国のホテルのロビーをサッサカ早足で歩く自分を生き生きとイメージできるだろうか。あなたのように貧乏な大衆にとっては、負ける自分、不幸な自分、弱く惨めな自分、孤独で孤立した自分、社会の動きに翻弄され疲弊する自分を想像するほうが容易だ。九四歳にして現役の自分を想像するよりも。

貧乏な大衆は、貧乏な大衆の家に生まれ、貧乏な大衆とつきあい、貧乏な大衆の発想しか知らずに生きる。だから、負ける自分、不幸な自分、弱く惨めな自分、孤独で孤立した自分、社会の動きに翻弄され消耗する自分を想像することが、「人生に備えること」、「人生について考えること」であると思い込んでしまっている。

そのような思い込みは、単なる「世にはびこるものの考え方のひとつ」でしかないのに。事実でも真理でも何でもないのに。

どうでもいいことには猜疑心《さいぎしん》の塊なのに、信じてはいけないことを信じて騙される。貧乏な大衆は、まことにやることがチグハグだ。

つまり、「彼ら」と貧乏な大衆をわける遺伝子の〇・一%の違いとは、まずは、「九四歳にして足腰が丈夫で、リッチで、健康で、陽気で、明るい自分は、あたりまえであり、実現して当然の既定《きてい》のこと」と思い込めることができるかどうかにかかっている。

これぐらいのことならば、あなたにもできる。このさい、「彼ら」の真似をしてみればいい。その心性を真似するだけならば無料だ。

中央銀行システム（国際金融資本とも呼ぶ）を創った人々とその子孫は、恐慌《きょうこう》が起きようが、大地震が起きようが、戦争が起きようが、トイレが断水しようが（これが一番困るが）、絶対に心を傷《いた》めない。無駄に無意味に否定的な考えで自らを消耗させない。心配や取り越し苦労をしない。自分の不安や恐怖を他人に反映して転移して、他人を恐れない。だから憎まない。

ただ、自分たちの安寧《あんねい》を増強させるために、ああもできる、こうもできる、ああしよう、こうしようと、打つ手をドンドン繰り出す。

貧乏な大衆にできることは、この世界に中央銀行システムを代々かけて構築してきたような人々に対して革命を起こしたり、テロをしかけたりすることではない。そうやって「彼らに勝つ」ことではない。

庶民が、その種の政治活動などにうっかり関わると馬鹿をみる。革命なんて大衆の中から自然発生的に生まれたことはない。「近代市民革命」なんて西洋史の用語でしかない。「彼ら」の使用人たちが、「彼ら」のプランを実行するために煽動《せんどう》して人々を動員して起こした騒動を、そう呼んだだけだ。

二〇一九年現在でも、ニュージーランドやスリランカや、あちこちでテロが起きている。実行犯は「彼ら」の使用人の使用人のパシリだ。このパシリたちは、現代の「新撰組」だ。

サムライに憧れた豪農の息子たちが、上級武士たちに利用され、サムライ以上のサムライであろうと純粋まっすぐに「義憤《ぎふん》」に駆られて京都にテロリスト集団を作った。これが「新撰組」だ。すでにサムライの時代は終わりかけていたのに。

純粋まっすぐに革命の大義《たいぎ》など信じると、「彼ら」の使用人たちに翻弄され利用されるだけだ。オウム真理教の背景にも、おそらく、そのような勢力があったのではないか。

この社会の構造や仕組みがうすらぼんやりと見えるようになったあなたは、そのような空騒《からさわ》ぎに巻き込まれてはいけない。

この考え方は、「何をしても世の中は変わらないよ」と斜《しゃ》に構えるニヒリズムではない。

重要な変化ほど時間がかかる。政治的変化も政治的意識の変化も時間がかかる。粘り強く変化を待ちつつ、変化を進行させていくために、この社会を構成する個人が自分の日常を変化させ、周囲に変化を広めていくしかない。その積み重ねが、社会を変化させる。

そのためには、あなたは「彼ら」に関係なく幸福でいることだ。権力も地位もカネも何もないのに、幸福でいるってことだ。平気で堂々と、幸福でいるってことだ。世界を、人々を、社会を、「彼ら」を無駄に無意味に恐れず、憎まず、そんなのどーでもいいと思うような晴れ晴れとした人生を生きることだ。「彼ら」が繰り出す現象を眺めつつ、その現象の奥にある真実について考えつつ、その現象に浸食されない自分を創り生き切ることだ。

中年になったあなたは、それぐらいの責任感を社会に持とう。もう、大人なんだから。社会があれしてくれない、これしてくれない、他人が自分の都合よく動かないとギャアギャア騒ぐのは、いくら馬鹿なあなたでも三七歳までだ。

2・2 若さとの別離としての更年期

更年期《こうねんき》に関する確認

まずは更年期について確認する。

あなたは、四五才を過ぎたあたりから体調の変化を感じる。ほんとは三七歳くらいから感じていたかもしれない。それは更年期の初期症状だ。

更年期とは、「閉経《へいけい》」を挟《はさ》んだ前後五年間の計一〇年間あたりの時期だ。日本人女性の閉経時期は平均で五三歳くらい。となると、おおよそ四七才あたりから五七歳あたりまでの一〇年間が更年期と呼ばれる時期にあたる。

あなたは、生まれるときには卵巣に原始卵胞《らんほう》（卵子）を約二〇〇万個蓄えていた。イクラみたいですね。月経が始まるまでに、そのうち一八〇万個が消滅した。生殖年齢に達する頃には三〇万個まで減少した。

その後は月経の周期ごとに千個消えていく。毎月、子宮は卵子の受精（妊娠）に備えて栄養たっぷりの血液を用意する。卵子が受精しなかったときは、無駄でしたね〜〜〜とばかりに体外に血液を排出する。これが月経だ。生理だ。

女性は初潮（生理の開始）から四〇年間ほど、毎月一週間ほど血液を膣《ちつ》から流す。これが、ほんとうに面倒くさい。

生まれたときに所持していた原始卵胞は一日で約四〇個消える。この原始卵胞は再生されない。その原始卵胞が完全に消滅すること、それが閉経だ。それで月経とか生理と呼ばれる現象が消える。

ただし、さっぱりきっぱりと生理は終わらない。終わったかなあと思ったら、また始まる。そのうち、完全に消滅する。「せいせいした〜〜」と解放感に喜ぶ人もいれば、女性でなくなったと寂しさを感じる人もいる。

私自身は喜んだ。初潮のときではなく、閉経のときこそ赤飯《せきはん》を炊いて祝うべきだ。

閉経の前後五年間計一〇年間ほどの時期に、女性の身体は女性ホルモンのエストロゲン優位の状態から、エストロゲンがほぼ消滅する閉経を過ぎ、男性ホルモンのテストステロンが優位になる状態に移行する。これが更年期だ。

更年期障害とは

更年期には、いろいろな不調が女性を襲う。不調の様相は個人によってさまざまだ。急に体温が上昇したり下降したりする。汗をびっしょりかく（ホット・フラッシュ）かと思えば、身体の冷えに悩まされる。頭痛や腰痛や背中の痛みや胸の痛みなど、あちこちに痛みを感じる。病院で検査しても原因が見つからない。

精神的にはうつ病に似た症状が出る。急に憂うつになり落ち込む。やる気が消える。集中力が続かなくなる。被害妄想に襲われる。急に理解力が落ちたり注意力が落ちたり忘れっぽくなったりする。自分がすっかり無能になったような気がする。かと思えば、感情のコントロールができず、切れやすくなる。

こうした更年期の詳しい症例は、田中奈保美《たなかなおみ》の『おひとりさまの更年期――あなたを救う心と体の処方箋』（主婦の友社、二〇〇九年）が参考になる。この時期に苦しいのは、あなたばかりではないと知ってください。

とはいえ更年期障害で不調だからといって長期休養できるわけでもない。更年期障害によくある不眠のために朝の起床が辛いからといって、午後から出勤できるわけでもない。家事もある。

とりあえずの対症療法として、エストロゲン投与のホルモン補充療法（ＨＲＴ）を受けるのもいい。この療法を受けると乳がんになりやすいという研究がアメリカで発表されたことがあった。最近の研究では、その研究データの不備が指摘されている。ホルモン補充療法は、日本でもより受け入れられやすくなっている。

そのほかにも、更年期に特有な症状に対する医学的薬学的対処法が、いくつも確立されている。吉木伸子《よしきのぶこ》の『噂の女医がこっそり教える女の不調が消える本』（主婦の友社、二〇一六年）などを読んで、そのあたりの情報を得ておこう。

とはいえ更年期障害に対して適切な治療や助言を提供できる優れた専門医に出会うのは難しい。

今は良い医師や病院を実名入りで紹介するランキング本が出版されている。私の知人の女医さんは、「桜の花出版」という出版社のランキング本を推薦してくれた。この出版社は、全国三千人以上の現役の医師たちへのアンケート調査と、有力医師への直接インタビューから得た情報を元にランキング本を編集している。

この種のランキング本は、出版社が病院から謝礼を取って編集しているものも多い。しかし、「桜の花出版」のランキング本ならば、信頼できるそうだ。私も、『2018年版　国民のための名医ランキング——いざという時の頼れる医師ガイド　全国名医514人厳選』（桜の花出版、二〇一七年）を持っている。

しかし、このランキング本の掲載分野に「婦人科」はあるが、婦人科のがんに、不妊に、乳がんの専門医情報しかない。「更年期外来」の名医は紹介されていない。つまり、「更年期障害」について名医ランキング本はどうでもいいと考えているようだ。

というわけなので、あなたの更年期障害が極めて重いものであるのならば、よくよく自分で調べて良質な医師を求めてください。更年期障害だと思って放置していたら、実際は大病や難病であり、発見が遅れてしまったという事例もあるので、油断は禁物だ。

更年期実例観察――家庭編

更年期と更年期障害について確認をしたが、あなたが、まだ三〇代終わりぐらいの年齢ならば、ピンとこないかもしれない。長くなるが、ご参考までに私個人の体験について書く。

私は早くも二〇代から更年期について調べていた。今の日本と違って、一九七〇年代や八〇年代の日本には、更年期本があまり出版されていなかった。アメリカに行ったときに書店に行くと、閉経（menopause）について書かれた本が多く出版されていたので、それを読んだ。

今では日本人女性もそうなったが、アメリカ人女性の若さへのこだわりは大きく、一九七〇年代あたりから、更年期対策はアメリカ人女性にとって大きなテーマのようだった。

今は日本でも更年期対策本はいろいろ出版されている。この現象は一九九〇年代から始まった。「団塊の世代」と呼ばれる一九四七年生まれから一九四九年生まれの女性が更年期にさしかかる年代に突入したからだ。

今現在の更年期本の隆盛は、この団塊の世代の娘たちをターゲットにしている。ところで、どうして私は早々と二〇代から更年期本を読んだのか。それは、私の亡き母の更年期症状が重かったからだ。私は、母の状態を見て、遺伝的に言えば、私の更年期もかなり重いものになるに違いないと思った。それで、「備えあれば憂いなし」のつもりで、二〇代の頃から更年期本を読んでいた。

私の母は明るい大らかな可愛いらしい女性だった。しかし、四七歳あたりから急変した。ちょっとしたことに切れるようになった。非常に被害妄想が激しく神経症的になった。台所の木製食器棚の木目《もくめ》が眼に見えて怖いと言って、シールをペタペタ食器棚に貼っていた。

人並みに社交的であった母が、近所の人に会うのが嫌だということで、近くのマーケットに行くのを嫌がるようになった。週末に父に運転させてわざわざ遠くのマーケットで大量に買い物しては、料理しきれず食材を腐らせた。食卓には、出来合いの惣菜《そうざい》が増え、店屋物《てんやもの》が増えた。店屋物というのは出前のことだ。当時はデリバリーのピザは、まだ日本にはなかった。

私は、母が悪霊《あくりょう》にでも憑依《ひょうい》されたのかと思った。私なりに調べてみたら、母の状態は、更年期障害と呼ばれるものだとわかった。こういう状態もいずれ終わるということも知った。いずれはエストロゲン減少の状態に身体が慣れる。

母の状態も一〇年ぐらい経過して落ち着いた。しかし更年期が過ぎたあと、母は二度と前のような陽気な女性には戻らなかった。何か大きな哀しみをかかえているかのように無気力な状態は母の死まで続いた。

専業主婦ならば、家庭では妻として母として愛され求められ充実していた生活から、子どもが巣立ち孤独になる時期が更年期だ。その時期は、夫も働き盛りで責任も重く家庭を顧《かえり》みる余裕がない。妻の孤独は深くなる。

で、私はこう思った。更年期というものは、男と対《つい》である存在としての女であることにアイデンティティをかけていた女性にとって非常に辛い時期であるらしい。自分が女性であることに依存してきた女性は更年期障害が重くなるらしいし、そこからの立ち直りにも時間がかかるようだと。

ならば、女であることに重きを置いた生き方はしないようにすれば、更年期の打撃は小さいかもしれない。

そう考えた私は、母ばかりでなく、年上の女性の同僚たちの更年期症状というものも、じっくりと観察し始めた。

更年期実例観察――職場編

職場での年上の女性の同僚たちを観察した結果、特に「元美人」の女性の更年期は非常に不穏《ふおん》らしいと知った。

女性であることで大いに得をしてきて、それが自分の実力だと思い込んでいた女性の更年期がきついようだった。

女性は若くて容姿がそこそこで愛嬌があれば、チヤホヤされる。若くて美人の国会議員が若いうちは政治的見識や政策立案能力など何もなくても通用するようなものだ。若くて美人の学者の卵なら学会の大物の指導教授の援護射撃で学会内出世するようなものだ。

しかし、中年になり容色《ようしょく》が衰えると、この手の女性は相当に動揺するらしい。年上の女性の「元美人」の同僚は、年下の女性の同僚をいじめていた。学会でも、このタイプの女性は、年下の女性研究者に嫌がらせをしていた。

そういう事態を見物しながら、「私は更年期本を若い頃にいっぱい読んでおいたから、女であることに依存して生きなかったから、よかったなあ〜」と思ったものだった。あなたはブスだから、更年期について、あまり恐れることはない。ブスは、若くても特にチヤホヤもされず、甘やかされることもない。中年になってもショックは軽い。

更年期を、若くなくなった女が、若い頃の自分とババアになった自分のギャップに戸惑いながら、そのことに慣れて受け入れていく時期であると定義するならば、あなたにとっての更年期は楽勝だ。

ただ、更年期は、それだけの意味ではない。別の意味の更年期もある。この意味での更年期は、ブスであるあなたにも大きな転換期だ。このことについては、あとで詳しく言及《げんきゅう》する。大事な話だから。

働く女性は更年期で本格的に男社会の壁を感じる

更年期の時期というのは、組織で働く女性が、初めて本格的に男社会の壁を感じるときでもある。

「ガラスの天井」というものがある。男性中心社会の壁だ。非常に優秀有能で、バリバリ働いて成果を出しても、四〇代半ば過ぎても、女性の場合は、男性と比較すると組織内出世が遅れる。

というか出世できない。役職者になれない。責任ある立場に就けない。決定権を持つ地位に就けない。えらくなれない。

地位や立場に就いてこそ伸びるということもある。そういう機会を女性は与えられないことが多い。無能な男の後輩が、自分を追い越して役職者になりがちだ。

まれに女性が、大抜擢《だいばってき》され社長に選ばれたりする。それは、その企業が倒産しかけで、男にとって社長になっても旨味《うまみ》がないときだ。

マーガレット・サッチャーが英国の首相に選ばれたのは、大英帝国が傾いて、なんともならなくなった一九七九年だった。彼女が鉄腕をふるって英国経済を立て直したら、英国国民は彼女を追放した。

大学でも、女性が学長に選ばれる場合というのは、女子短大や女子大以外では、その大学内部に大きな問題があり、男はそのような問題解決の責任を負いたくないときだ。状況が良くなれば、また男がしゃしゃり出てくる。

更年期というのは、女性にとって若く美しかったからこそお目こぼしにあっていた特権的状態を喪失する時期でもあるが、同時に、組織の中で働く女性にとっては、自分の労働や貢献の報《むく》われなさを、しみじみ感じる時期でもある。

優秀な女性ほど、更年期になると、仕事面で徒労感を感じるようになる。更年期の引き起こすさまざまな不調により、自分が信じて突き進んできた仕事に集中できなくなる。若い頃ほど無理ができなくなるというより、仕事そのものに疑問を感じるようになる。

更年期である中年期は、社会の仕組みや構造が見える時期でもあるので、ただ多忙なだけの日々に虚しさを感じるようにもなる。若い頃より熱意を持って形成してきたキャリアの展開が見えなくなる。「いったい、何を私はしてきたのかしら」と正気になる。

ただし、これは優秀な女性の場合だ。この点においても、あなたは逆説的に有利だ。あなたはブスで馬鹿で貧乏なので、現行の社会が評価するような高度な専門職に従事できるわけではない。企業組織の中に入り込んで、過労気味に有能に働ける能力がない。最初から、あなたは「はぐれOL」だった。

だから「ガラスの天井」など知ったことではない。組織内出世することなど、はじめから望んでいない。可能性のないことなど望まない。欲しいのは給与だけ。その姿勢は、あなたの更年期を過ごしやすくしてくれる。

私は、職場では都合の悪いことがあると、「すみません！　更年期なのでミスが多くて！」と、やたら連呼《れんこ》していた。無理して若ぶってもしかたない。開き直って、更年期！　更年期！と自分を甘やかし、周囲には口実として大いに「更年期」を利用した。

2・3 生き直しとしての更年期

女は誰でもふたり分の人生を生きる

一九七〇年代や一九八〇年代の更年期本は「若くなくなった女が、若い頃の自分とババアになった自分のギャップに戸惑いながら、そのことに慣れて受け入れていく方法各種」を教えてくれるものだった。

その後、更年期に対する研究考察が進化した。その現象は、医療の進歩によって、女性の寿命が延びたことによって起きた。

一九世紀なら更年期になるまでに女はあらかた死んでいた。明治時代の女性の平均寿命は四五歳以下だ。子どもを産むときに死ぬ女性も多かった。私の父方の祖母は、叔父の出産時に三三歳で亡くなった。

一九五〇年（昭和二五年）で、女性の平均寿命はやっと六二歳だ。閉経後せいぜい一〇年ぐらいしか生きていなかったのだ。一〇年なんてウジウジしていれば、すぐに過ぎる。

しかし、二一世紀になり、なんと人生一〇〇年などと言われるようになった。一〇〇歳を超えて生きる人々の数はどんどん増加しつつある。

一〇〇歳まで生きたら閉経後の人生は五〇年ということになる。二〇一七年の女性の平均寿命は約八七歳だから、閉経以後三五年近く生きることになる。

すなわち、女にとって更年期は、女性ホルモンのエストロゲンに左右される時期から男性ホルモンのテストステロンが増えてくる時期への過渡期というだけの意味の時期ではなくなった。それまでの生き方ではない生き方を模索し構築していく時期になったのだ。

若さが消えた以降の年月のほうが、女性の人生の半分を占めるようになったのならば、女であることにアイデンティティを置く生き方でない生き方をしないと、死ぬまでの時間がつぶせない。

だから、女性は、人生において誰でも二度生まれることになる。ふたり分の人生を生きることになる。女の赤ちゃんとして生まれ、閉経以後は、女ではあるがそれ以外の何かとして生きる。あなたは「あなた2.0」になる。

更年期は自己の転換変換上昇を模索《もさく》する時期

ということで、現代の女性にとって更年期には二つの課題がある。若さがなくなったことの身体的不調や精神的不調を受け入れて対処すること。それと、それまでの自分の生き方を再点検オーバーホールして、別の自分へと転換変換上昇させることを模索し始めること。この作業は、あなたが老年期を迎えるための準備にもなる。

この「それまでの自分の生き方を再点検オーバーホールして、別の自分へと転換変換上昇させることを模索し始めること」としての更年期について、より理解したい方は、ジャーメイン・グリアの『更年期の真実』（寺澤恵美子・山本博子訳、パンドラ発行、現代書館発売、二〇〇五年）を読むといい。グリアは、一九七〇年代から九〇年代にかけて活躍したオーストラリア生まれの著名なフェミニストだ。

あなたは、「フェミニスト」とか「フェミニズム」という言葉を聞くと、「あ、うざい！」と思うかもしれない。

フェミニズムというのは、簡単に言えば、「女だからといって損させられるいわれはないし、誰かの犠牲にされることもお断りします」という思想だ。ブスで馬鹿で貧乏な女性であるあなたにとっては唯一有益な思想だ。知りもしないで嫌うのはもったいない。食わず嫌いはもったいない。

あと、ゲイル・シーヒーの『ニュー・パッセージ新たなる航路――人生は45歳からが面白い』上下巻（田口佐紀子訳、徳間書店、一九九七年）も有益だ。

この本は、厳密に言えば女性更年期対策本ではない。アメリカの七八八〇人の男女を対象に調査し、中年期を新しい自己を形成する「第二成人期」として位置づけている。中年の危機こそ人生を生き直すチャンスであることを指摘している。

私の更年期体験その1

「それまでの自分の生き方を再点検オーバーホールして、別の自分へと転換変換上昇させることを模索し始めること」としての更年期の例として、私自身の「ニュー・パッセージ」について書く。

私は、四七歳の頃は更年期の身体的変調に疲れてはてていた。何よりも寂しかったのは、勤務先で教えていたアメリカ文学を教える意味や、アメリカ文学研究をする意味がわからなくなったことだった。

正確に言えば、自分が従事している職業の意義や意味を、初めて自分に問うようになっていたのだ。

「長いまえがき」で記したように、私はなるたけラクに食べてゆくために大学の英語教員になった。大学教員は「研究をする人」でもある。私は一応「アメリカ文学研究者」ということになった。

イギリス文学は歴史が長いので歯が立たない。英語教育には関心がない。英語学にも興味がない。だから、アメリカ文学専攻にした。

学会で発表したり、論文を書いたりしなければ昇進しないので、私は私なりにセッセと学会で発表し論文を書いた。やるしかないのでやっていただけで、そのことが特に面白いわけではなかった。

四七歳ぐらいになって、とうとう、そういういい加減な生き方に疲れてきた。二〇〇〇年の夏から非常に落ち込んでうつ病的状態になった。一九九二年に父が亡くなり、一九九八年に母が亡くなったので、その疲労も溜まっていた。単身赴任先の大阪と自宅のある名古屋という二重生活にも、くたびれていたのだろう。

その落ち込んだ状態をぶち破ることが起きたのは二〇〇一年一月だった。

正月にたまたま読んだ副島隆彦の『世界覇権国アメリカを動かす政治家と知識人たち』（講談社+α文庫、一九九九年）の中に、アメリカにおける政治思想であるリバータリアニズムの提唱者のひとりとしてアイン・ランドというユダヤ系ロシア系アメリカ人女性作家が紹介されていた。

当時の私はアメリカ文学研究者だったが、アイン・ランドという作家について知らなかった。手持ちのアメリカ文学史本にも出てきたことがない作家の名前だった。

急いで調べてみた。すると、一九九八年に実施されたランダム・ハウスとモダン・ライブラリーの共同アンケート調査によると、一般読者が選んだ「二〇世紀に英語で書かれた小説ベスト一〇〇」の一位と二位と七位と八位に選ばれた小説の作者がアイン・ランドだった。

一位は『肩をすくめるアトラス』（脇坂あゆみ訳、ビジネス社、二〇〇四年）で、二位は『水源』（藤森かよこ訳、ビジネス社、二〇〇四年）だった。七位は『アンセム』（佐々木一郎訳、Evolving、二〇一九年）であり、八位は『われら生きるもの』（脇坂あゆみ訳、ビジネス社、二〇一二年）だった。

彼女の作品は、二〇〇一年当時は日本では一冊も翻訳されていなかった。

私は早速一位と二位に選ばれたアイン・ランドの小説を取り寄せた。どちらも分厚い長編小説だ。ほんの少しだけ分厚くないほうの小説（*The Fountainhead*）から読み始めた。一九四三年に出版された小説だ。

その小説は、あまりにも面白かった！　夜の九時から読み始めて、翌朝のお昼近くの一時まで読み続けてしまった！　英語で書かれていると意識せずに夢中で読んだ。

その小説を数日で読了した後に、私は、私の全細胞が活性化されているのを感じた。そのような精神の高揚《こうよう》を感じたのは生まれて初めてだった。

私は驚愕動転《きょうがくどうてん》して思った。これ以上の小説に出会うことは私の人生には二度とないだろう。絶対にないだろう。ならば、もう文学研究をやめよう。

私は、その小説を翻訳して出版したいと強烈に願った。副島隆彦氏のご尽力により、ビジネス社から『水源』という題で二〇〇四年に、その小説の翻訳を出版してもらった。それまでの私の落ち込んだ状態がすっかり消えた。政治思想リバータリアニズムについてのみならず、政治一般について読み漁《あさ》る日々が始まった。

私は、想像の大学の法学部の政治学科に入学したつもりになった。気分は大学生だ。時間はいくらあっても足りなくなった。いくらでも知りたいことが出てきた。経済学の本も、理解できないながらも読むようになった。

インターネットに詳しい教え子に依頼して、アイン・ランドの紹介ウエッブサイト「藤森かよこの日本アイン・ランド研究会」を立ち上げてもらった。二〇〇一年当時は、ウエッブサイトにせよ、ブログにせよ、今のように誰もが作成できるような簡単なソフトは開発されていなかったので。

生まれて初めて私は心が晴れ晴れするのを感じた。勉強することばかりだから、死ぬまで忙しく勉強すればいい。老後なんか何も怖くない。

交際する人々も変化した。文学系学会ではついぞ見かけたことがないような人々と知り合うことができた。視野がぐんと広がった。

アイン・ランドに出会った二〇〇一年から八年間ほどは、その調子で元気に陽気に突っ走ることができた。それまでの、どこか物足りない寂しい日々は、私にとっては前世となった。

「更年期を乗り切るには、新しいことを勉強するのが一番いい! 同じことをやっていても駄目なんだ! 生まれ変わらなきゃ!」と、私は思った。実に幸福な八年間だった。

勤務先の仕事は猛烈に忙しかった。体力の衰えも感じてはいた。しかし、私は意気《いき》揚々《ようよう》と労働に励み、かつ新しい知識を吸収していた。

しかし、そのような状態から、私はまたうつ病的状態に陥った。

私の更年期体験その2

二〇〇八年頃から、私は二〇〇一年から継続していた精神の高揚がだんだんと萎《しぼ》んでいくのを感じるようになった。年齢は五〇代後半にさしかかっていた。

いくら鈍い私でも現実が見えてきた。見えてきたものは、いろいろあった。

前述したような、この社会の支配構造や差別構造も、そのひとつだった。文学研究という人文学であれ、政治学や経済学のような社会科学であれ、自然科学であれ、学問分野というものは、その時代の支配的思考の枠組みから自由ではないということも見えてきた。厳正中立で客観的でアカデミック・フリーダムに基づいたものではないということも見えてきた。

学問研究と言いながら、学会なるものは、学会という集団の存続に貢献しない真実ならば抑圧するらしいということも見えてきた。

この問題については、後日、副島隆彦編著『放射能のタブー』（ＫＫベストセラーズ、二〇一一年）に、「タダより高かった原発助成金」という項目において書いた。

あと、教育というものも保育園や幼稚園から大学院にいたるまで、それら教育機関に設置許可を与える統治体の洗脳装置でしかないということも見えてきた。これは、副島隆彦編著『日本のタブー』（ＫＫベストセラーズ、二〇一〇年）に、「教育とは洗脳である」という項目において書いた。

私は五五才の時点で、自分が生きている社会についても、勤務先の大学という組織や教師という仕事に対しても幻想がすっかり消えてしまった。

現行の社会や世界のシステムそのものが詐欺なのだと認識すると同時に、私は、自分自身に若い人に伝えてしかるべきものなど何もないとわかってしまった。自分だって詐欺をしてきたとわかってしまった。自分という人間の何の価値もない無能非力さがわかってしまった。

しかし、まだ五五歳だったので、大学での賃金労働を辞めることはできなかった。

これは「長いまえがき」でも書いたことだが、ちょうどその頃に、広島県福山市が四年制大学を新設するので、そこの英語教師として赴任しないかというお話をいただいた。

すでにして、教師としても大学人としても全くやる気をなくしていた私は、職場を変えれば目先も変わり、やる気が無理にでも搾《しぼ》り出されるのではないかと甘い期待を抱いた。

しかし、一五年間馴染《なじ》んだ大阪の桃山学院大学の研究室を整理し、職場の近くに借りていた部屋を片付け、福山市に転居したことは、疲れていた私を一層に疲れさせた。

新設の大学というものはシステムを形成中なので、いろいろ不備がある。その不備に対応するだけで疲れた。それまでの勤務先では経験したことがない疲れだった。

それはそうだ。それまでの勤務先では、すでにシステムができあがって久しかった。私は、誰かが作り守ってきたシステムの恩恵を享受するだけで感謝も知らなかった自分の愚かさにやっと気がついた。

それまで勤めていた私立大学と比較して、地方の公立大学は給与も低かった。ストレス解消のために、カネを使って消費して憂さを晴らすことも以前よりできなくなった。ますます私の疲れは蓄積されていった。

一年後の二〇一二年春には、めまいが始まった。目覚めれば部屋がぐるぐる回っていて起床できない日がよくあった。

二〇一二年秋には、まっすぐに立てなくなった。骨盤の歪みのせいで、右脚が左脚より三センチ以上も短くなっていて滑らかに歩くことができなくなった。

この前駆《ぜんく》的症状は四〇代の初め頃には既に感じていた。面倒くさがりで多忙だった私はそれを放置した。そのツケがとうとう出てきた。

二〇一三年には、杖なしでは歩けない状態になった。私は勤務先から徒歩二〇分ほどのところに部屋を借りていたが、勤務先から歩いて数分のところにあるマンションに急《きゅう》遽《きょ》転居し、何とか仕事は続けた。

歩くのが不自由になり、仕事以外の外出がめっきり減り、私は運動不足になり肥満が進んだ。肥満すれば、さらに脚に負担がかかる。悪循環だ。

二〇一五年には、職場の健康診断の採血の結果が悪く、しかたなく病院に行ったら、非アルコール性脂肪性肝炎（ＮＡＳＨ）と診断された。この病気は肝硬変や肝臓がんに移行しやすい。五年後の生存率は六五％と知った。

最悪の場合は五年後に私は死んでいるかもしれない。ならば、やりたくもない仕事をしている場合じゃない。最後のゼミ生の卒業論文指導をしたら名古屋に帰ろう。

私は、二〇一七年三月に定年より一年早く退職した。職場の研究室の明け渡しと借りていた部屋の明け渡し作業と断捨離作業を、フラフラしながらもやり遂げた。二一年間続いた単身赴任生活を閉じる作業に私は消耗した。

しかし、広島県福山市での満身創痍《まんしんそうい》の六年間は、「それまでの自分の生き方を再点検オーバーホールして、別の自分へと転換変換上昇させることを模索し始めること」としての更年期を私にしっかり通過させてくれた。

自分の馬鹿無能非力を思い知らされた私は、自分の馬鹿無能非力を受け入れて、生き直すことにした。それまでの自分自身の中に蓄積していた毒気を抜き、自分をリセットするための模索の開始が、私の中年期の終焉となった。

おばさんよ、大志を抱け

よく男性の多くは定年退職を怖がると言われる。組織から離れることを男性は寂しがると言われる。

一方、ほとんどの女性は定年退職まで勤め上げても、退職するのが寂しいとか、組織から離れるのが寂しいということは、あまりないのではないか。ほとんどの女性は、職場において組織内出世することもなく、居心地が良かったこともないのだから。

特に私は、もうこれ以上は無理と思うくらいに疲れ消耗したので、退職することに未練も寂しさもいっさい感じなかった。やっと賃金労働から解放されたのだ。

そもそもが、人類の女性というのは、かつては、生殖能力のある時期には、ほぼ毎年妊娠し、子どもを産み、産んだ子どもの半分以上がまだ成人前で死ぬという試練を通過しつつ家事と育児にあけくれ、末っ子が成人する前に力尽きて死んだ。

つまり、それぐらいの過酷な労働をすることができるくらいのキャパシティが女性にはある。

しかし、現代の女性は、それだけの能力を十全に発揮することがない。過労が足りない。消耗が足りない。だから、普通に生きていると、どうしても女性は無駄に長生きするはめになる。人間は空っぽになるまで自分を蕩尽《とうじん》し尽くさないと元気に死ぬことができない。

だから老年期に入る前に、あなたは存分に空っぽになるまで自分を使い尽くさなければならない。トッド・ヘンリーの『後悔せずにからっぽで死ね』（上原裕美子訳、サンマーク出版、二〇一五年）を読んでみてください。原題は *Die Empty* です。

エネルギーが老年期に残っていても、身体的にガタが来ているのだから、そのエネルギーを燃焼できない。エネルギーにも燃焼しどきがある。何につけても、「しどき」というものがあるのだ。

女性ひとり分の生き方ではダメだ。本来は子どもを一五人くらいは産んで育てるエネルギーを持っていたあなたが、現代女性の生きかたをするのだから、どうしてもエネルギーは余る。

更年期の二段構えを迎え撃つのも消耗し切るにはいい手段だが、私は、あなたには、三七歳を過ぎたら、努めて三人分の人生を生きるつもりでいることを薦める。

それぐらいでいないと、発散され切らず燃やし尽くされない女性の生命力が、あなたの内部で沈滞する。その沈滞した生命力は、あなたを内部から攻撃するかもしれない。

あなたは、あなたが自分で思っているより生命力が強い。エネルギーが強い。

たとえば、質の非常に低い男性社員がひとり棲息《せいそく》する職場と、質の非常に低い女性社員がひとり棲息する職場と、どちらの職場がましか？

これは、圧倒的にダメ女がいる職場のほうがダメージを受ける。生命力そのものが強くエネルギーのある女性は、良くも悪くも影響力が大きいからだ。

たとえば、その職場に一〇〇人の社員がいるとして、そのうち二五人が女性だとする。女性はたった二五人しかいないのに、その職場は女性ばかりに見える。

反対に一〇〇人中男性が二五人を占めても、男性が多いようには感じられない。それぐらいに女性の存在感は大きい。

一〇〇人中四人が女性ならば、その四人の女性はアイドルになれる。一〇〇人中四人が男性ならば無視される。「紅一点」というぐらい、たったひとりの女性の存在感は大きい。

かくも男性は存在感が薄い。かくも女性の存在感は大きい。そのような女性が勘違いして自分は無力非力で弱いと思い込み、力を出し惜しみすると、どうなるか。

小人閑居《しょうじんかんきょ》して不善をなすと言われる。女性も力を出し惜しみすると馬鹿になる。あなたはタダでさえ馬鹿だから、これ以上馬鹿になるとゴミだ。中年期には空《から》っぽになるまで大いに大いに、自分をこき使い燃焼させてください。

実現するのが死ぬ寸前とか死んでからかもしれない程度の身の程知らずの夢を心に抱こう。

この社会には、世間には、女性の生命力を削《そ》いで小さな箱に入れ込むような言説で満ちている。そんな小綺麗な体裁《ていさい》のいいだけの箱に入れようとしても、女性の生命力というものは収まるものではない。

「おばさんよ、大志を抱け」だ。大志を抱くぐらい無料だ。ダメで元々だ。中年期こそ女性は大志を抱かねばならない。

2・4 依存症について

みんな依存症

ここでは、中年期のあなたが陥りやすい依存症について書く。あなたが、自分の生命力を燃やし尽くそうと思えば、きっとなんらかの依存症になる。なんらかの物質や嗜好《しこう》品《ひん》や行動に依存症的に耽溺《たんでき》することになる。

依存症は、ある特定の行為や物質使用を繰り返すことが、身体的精神的になくてはならなくなった状態のことだ。かつては「中毒」と呼ばれた。

ここでは、アルコール依存症や薬物依存症のような病的な自虐自害的なものについては言及しない。万引き依存症（窃盗《せっとう》依存症を含む）とか性的虐待依存症（痴漢行為依存症を含む）や暴力依存症のような犯罪についても言及しない。その数歩手前程度の加害性は比較的少ない依存症について書く。

そのような依存症といえば、たとえば、咳止めブロン液一気飲み。風邪薬大量一気摂取。ニコチン依存症。大義依存症（世のため人のための政治社会活動に耽溺すること）。仕事依存症。他人依存症。家族依存症。恋愛依存症。ペット依存症。セックス依存症。ポルノ依存症。ギャンブル依存症。

インターネット依存症。タブレット依存症。スマホ依存症。ゲーム依存症。SNS依存症。YouTube依存症。

買い物依存症（ネット通販依存症を含む）。アイドル依存症。宝塚歌劇依存症。糖分依存症。活字依存症。韓流ドラマ依存症。美容整形手術依存症。化粧品依存症。国内旅行依存症。海外旅行依存症。

スピリッチュアル依存症。占い依存症。皇室追っかけ依存症。病院依存症。役人なら横領依存症。研究者ならば補助金依存症。政治家ならば権力依存症。

まだ、いろいろありそうだ。あなた自身にも該当するものが数個ぐらいはあると思う。

今後、新しい暇つぶし装置が開発されるにつれて、新しい嗜好品が発明されるにつれて、新手《あらて》の依存症はどんどん生まれるだろう。

本格的な病的な依存症の怖さについては、クレイグ・ナッケンの『「やめられない心」依存症の正体』（玉置悟訳、講談社+α文庫、二〇一四年）が面白い。

私の場合は、買い物依存症の中でもネット通販依存症だ。かつ活字依存症で、タブレット依存症でＳＮＳ依存症でもある。少し糖分依存症でもある。中年期のほんの一時期は仕事依存症だった。

これらの私の依存症は、依存症としてはタチがいいほうだ。他人の金ではなく自分の金でやっているし、勝手に独りでやっていられることだから。しかし、愚かなことには違いない。

ネット通販依存症に関しては六六歳になっても治っていない。ほんとに無駄な買い物を重ねてきている。年金生活者になっても、ほとんど毎日、宅急便が届く。なくても構わないものを注文している。何を注文したか、配達される頃には忘れている。

しかし、私は、これらの依存症を矯正するつもりがない。なぜか。

安全弁としてのプチ依存症

私は、中年期以降に何らかの軽い依存症になるのは正常なことだと思っている。

依存症というのは、ストレス解消のために陥る状態だ。生物にとっては生きていくこと自体がストレスだ。若い頃は生命力も強いので、ストレスを感じる度合が比較的低いが、中年期はストレスが重くのしかかってくる。

どうしてストレスだらけになるかと言えば、人間の生命力の発散を抑止して、働いて稼いでまっとうに生活していくことには非常な自制と自律が必要だからだ。

中年期は、その自制と自律をある程度長く継続させてきているので、疲労が溜まっている。

前にも指摘したように、女性は生命力がある。この生命力はリビドー（libido）とも呼ばれる。リビドーはフロイト的には性欲の意味で使用された。ユング的には、すべての行動の根底にある心的エネルギーの意味だった。精神分析用語では「人間に生得《せいとく》的に備わっている衝動の原動力となる本能エネルギー」のことだ。

これが厄介なのだ。男女共にこの生命力を甘く見てはいけない。

とはいえ、年齢を重ねるごとに、人間は、自分の中にうごめくその不定形な激しく強い生命力を、既成の枠の中に収めて生きていくしかない。それが「社会性を育《はぐく》む」ということだ。「大人になる」とは、そういうことだ。だから、大人とは「おとなしい人」のことだ。

日本のように何事も明確な表出を回避するタイプの抑圧的文化の中で成長すると、ただでさえ生命力の発露《はつろ》は妨げられる。

でもだからといって、生命力は圧殺されない。では、その圧殺されない生命力はどうなるのか。既成の枠の中に収まりきれない生命力はどうなるのか。

私たちは、その収まりきれない生命力を放出する水路がないまま生きている。つまり、人間は常に狂気と正気を両立させて生きている。非合理と合理主義を両立させて生きている。

損得功利を考えて未来に備えて今を諦めることが「合理主義」だ。それをしないで今の自分の生命力の発露のままに動くのは「非合理」だ。

この非合理と合理主義の間の緊張を生きることはストレスフルだ。だから、人間は、自分の内なる非合理なもの、トチ狂っている生命力の出口を作る。その出口がなければ、緊張が高まって自分が壊れる。

この生命力を事業やビジネスや芸術活動や研究に注ぎこんで昇華できればいい。性欲を受験勉強やスポーツに集中することで昇華できる男子中学生や男子高校生のように。が、それにも才能や資質が必要だ。ほとんどの人には、そのような才能がない。賃金労働しつつ、疲労とストレスを感じつつ、もやもやと生きていく。抑圧された生命力がくすぶっているのを感じつつ。

なにかの中毒、依存症（addiction）になるのは、この抑圧された生命力のささやかな出口を持つことだ。なにかに依存することで、自分の中のトチ狂っているものの出口を作るのだ。依存症は自己治癒《ちゆ》活動なのだ。自分がぶっ壊れないようにするための自己防衛だ。

人がある物質摂取に耽溺したり、ある行動に嗜癖《しへき》するのは、それが心理的苦痛を軽減したり、取り去ったり、変化させたりする効果を持つからだ。どの物質や嗜癖に効果があるかは人によって違うけれども。

そういうことをエドワード・J・カンツィアンとマーク・J・アルバニーズの『人はなぜ依存症になるのか――自己治療としてのアディクション』（松本俊彦訳、星和書店、二〇一三年）は述べている。

多少の依存症は精神の安全弁だ。ある依存症が消えても、またその依存症がぶり返す。もしくは、別の依存症になる。あなたは自分の依存症に、あまりに過敏に神経質になることはない。

私が賃金労働を耐えることができたのは、日々の暮らしの退屈な重苦しさを耐えることができたのは、私が依存症であったからだと思う。

あなたは貧乏だから、徹底的に耽溺《たんでき》して病的依存症になれる余裕はない。その点はラッキーだ。貧乏が恩寵《おんちょう》になることもある。

たとえば、あなたが、いくらファッションに無駄に過剰にカネを注ぎ込んでも、あなたの小さなクローゼットにしまいこめる衣類の量には限りがある。銀行口座の少ない残高は、あなたを制してくれる。

依存症が文化を創ってきた

そもそもが、人類の文化というものは、ハイカルチャーでもサブカルチャーでも、暇つぶしのお遊びだ。ある行為の依存症にかかった人間の情報が、代々蓄積されて文化というものになった。

画家は絵を描くことに耽溺し、音楽家は作曲することに耽溺し、声楽家は歌うことに耽溺し、演奏家は演奏することに耽溺し、建築家は設計に耽溺し、大工《だいく》は建てることに耽溺する。

舞踏家は踊ることに耽溺し、料理人は料理に耽溺する。作家は書くことに耽溺し、哲学者は思考することに耽溺する。経営者は経営に耽溺し、科学者は研究に耽溺し、技術者はイノヴェイションに耽溺する。耽溺し依存症にならなければ、大きな仕事や質のいい仕事はできない。

個人から依存症をとったら、その個人は逆説的に健全に生きていけない。依存症が消えたら、この社会の文化もビジネスもほとんどが成立しない。

人類は、これからも依存症と共に生きていく。人間がほぼ必ず陥る何らかの依存症があるからこそ、この地上のビジネスのかなりは成立している。

この点については、ディミアン・トンプソンの『依存症ビジネス――「廃人」製造社会の真実』（中里京子訳、ダイヤモンド社、二〇一四年）が詳しい。

厳しく辛い中年期を乗り越えていくためにも、あなたは多少の依存症を自分自身に許そう。あなたの生命力の反社会的なアナーキーさを、こっそりささやかに解放しよう。

ポルノグラフィや成人映画（今はアダルト動画？）について批判されたり、規制を厳しくするような意見を耳にするが、清く正しいことが必ずしも機能するわけではない。私が男に生まれていたら、性交動画依存症になっていたと思う。それほどに、女性の裸体というものは魅力的だし面白いから。かといって、痴漢になったり強姦魔にはなっていなかったと思う。

しかし、性的妄想を解放させる装置がなかったら、うっかり痴漢になるかもしれない。

2・5 性欲について

女性が性欲を直視する困難さ——ボーヴォワールの場合

取り扱いが難しい問題だが、性欲について書く。ただでさえ長い中年期編の中でも、この話は長い。

フロイトは人間の生命力と性欲を同一視したが、確かに青春期や中年期の人間にとっては、性欲こそが生命力かもしれない。

フェミニズムの古典である『［決定版］第二の性』Ⅰ巻、Ⅱ巻〈上、下〉（『第二の性』を原文で読み直す会訳、新潮文庫、二〇〇一年）を一九四九年に発表し、一世を風《ふう》靡《び》したシモーヌ・ド・ボーヴォワールというフランスの女性哲学者兼作家がいた。

ボーヴォワールはソルボンヌ大学時代にジャン＝ポール・サルトルという男性と出会った。サルトルは、後に非常に有名な哲学者になった。

サルトルはボーヴォワールに、法的結婚をすることなく、互いの性的自由を互いに隠さず認め合い終生の伴侶《はんりょ》となることを提案した。彼女はそれを受け入れた。「サルトルとボーヴォワールみたい」という比喩《ひゆ》が、いわゆる「意識高い系」カップルへの賞賛として使用された時代があった。ほんと。

晩年のサルトルの精神力を刺激するために、ボーヴォワールは自分の教え子の若い女子学生を紹介するような女衒《ぜげん》（売春仲介業）の真似事までした。

彼女はサルトルにいろいろ援助したが、サルトルは死後に彼女に何も遺《のこ》さず、若い女に全財産を遺した。

ボーヴォワールのような才色兼備の女性が、なぜサルトルのような人物に縛られ奉仕したのか、私はよくわからなかった。

彼女は、更年期をアメリカ人ジャーナリストのネルソン・オルグレンとの情事によって乗り切り、オルグレンに結婚を申し込まれたのに、サルトルの元に戻った。

ボーヴォワールは晩年にセックスについて書きたいと表明していた。ならば、ボーヴォワールは女性にとっての性欲の重要性について赤裸々に正直に書き分析するのだろうと私は期待した。しかし、その前に彼女は亡くなった。

時代の制約だったろうか。上品な知識人としての体裁《ていさい》というものがあったのだろうか。赤裸々に女性の性の真実を書くだけのエネルギーが残っていなかったのだろうか。

女性が性欲を直視する困難さ――ハンナ・アーレントの場合

たとえば、『全体主義の起源』（大久保和郎訳、みすず書房、二〇一七年）や『エルサレムのアイヒマン――悪の陳腐さについての報告』（大久保和郎訳、みすず書房、新版、二〇一七年）などの著作で知られる哲学者のハンナ・アーレントも自分の性欲問題について書いていない。

アーレントは第二次世界大戦中にドイツからアメリカに亡命したユダヤ人だ。一八歳のときにマールブルク大学で哲学教授であった三五歳の既婚者マルティン・ハイデッガーに出会い不倫関係になった。ハイデッガーはほかにも愛人がいたが。

このハイデッガーは反ユダヤ主義者であった。ナチスへ入党しナチ党員の支援を受け、フライブルク大学総長に選出された。

ハイデッガーは、一九三四年以降はナチスと距離を少し置いたが、ドイツの敗北後に、フランス軍政当局による教職禁止令を指令され、教壇に立てなくなった。やっと一九五一年にフライブルク大学に復職した。

このハイデッガーを、第二次大戦後にアーレントは亡命先のアメリカから訪れている。ハイデッガーの著作の英訳事業に協力し、ふたりの熱い交流は晩年まで続いた。

ユダヤ人のアーレントが、反ユダヤ主義のナチス党員であったハイデッガーの支援をしたことは、アーレントの思想とどのように折り合っていたのだろうか。

つまりは、ボーヴォワールもアーレントも、最初の性交の相手を好きであり続けたということなのだろうか。若き日の自分の性欲を満たしてくれた男に感謝し貢献したのだろうか。

サルトルにせよ、ハイデッガーにせよ、傍《はた》から見れば感心しない人物《じんぶつ》に見えるが、それとこれとは別であったのだろうか。

女性が性欲を直視する困難さ――アイン・ランドの場合

次のような例もある。

前述のように、ロシア生まれのユダヤ系アメリカ人作家のアイン・ランドは、一九二六年ソ連からアメリカに渡り、『水源』や『肩をすくめるアトラス』などの小説を発表し、作家として成功した。

彼女は五〇歳のときに二五歳年下の弟子のナサニエル・ブランデンと一〇年間ほど不倫関係を持った。

アイン・ランドの夫は大変な美男子であり、ランドの一目ぼれから交際が始まった。彼女が夫を愛していることは確かだった。夫は貧しい移民時代の彼女を支え、彼女のビザが切れる前に結婚してくれた。おかげで、彼女はアメリカ市民になることができた。夫は彼女の作家への道を常に励ましてもくれた。

にもかかわらず、二週間に一度の土曜日の数時間をブランデンと自宅のアパートメントの寝室で過ごすために、ランドは夫に不在を求めた。夫はそれを受け入れ、隔週土曜日の午後数時間はマンハッタンをさまよった。

ランドは、この件について自分から何も書き残していない。ブランデンと彼の妻が、それぞれにランドの死後にその顚末《てんまつ》を発表した。その顚末はアメリカでテレビ映画化された。ランドを演じたのはロシア系の父を持つヘレン・ミレンだった。初代エリザベス女王も二代目エリザベス女王も演じた英国の国民的女優だ。このテレビ映画はエミー賞を受賞した。

ランドは、同じ精神の高みをめざす男女の性交は倫理的なことであり、精神の交流と肉体の交流は分断されるべきものではないと主張したそうだ。自分とブランデンの性的関係は、互いの配偶者も認める行為であるから、不倫ではないと主張したそうだ。

ランドの夫は、その頃にはランドに経済的に依存していたし、ブランデンの妻もランドの信奉者《しんぽうしゃ》であったので、ランドの主張に異を唱えなかった。

しかし、このような無理は、ランドの夫もブランデンの妻も深く傷つけた。

その後、ブランデンは若い美しい女性と性的関係になり、ランドの誘いに応じなくなった。事実を知ったランドの怒りはすさまじかった。ランドは「私を尊敬し愛しているのならば、私が車椅子の老女になっても、私に性的欲望を感じるはずだ。お前の性器はこれから腐って使い物にならなくなる！」という意味の罵《のの》り言葉をブランデンに浴びせた。

還暦過ぎの知的な女性としては随分と下品な生々しい別れの挨拶の言葉だった。それだけ、ランドはブランデンを性的に必要としていたのだろう。夫を愛してはいるが、夫では性的に満たされなかったのだろう。

あれだけ偽善や綺麗事を嫌い、その辛辣《しんらつ》さによって読者を驚かせ喜ばせたアイン・ランドだったが、自分自身の性的欲望については真摯で正直な辛辣さを発揮できなかった。

かくも、性欲について語ることは難しい。自己の性欲について把握することは難しい。ボーヴォワールやアーレントやランドのような、分析という知的作業に慣れている類の女性たちにとってでさえも、難しかったようだ。

ましてや、あなたのような馬鹿な女性にとってなら、なおさらに自分の性欲について直視することは困難だ。しかし、これは大事な問題なのです。

女性には三人の男性が必要？

もちろん、私ごときが女性の性欲について語れるはずがない。有効な性欲管理対策を提案できるはずもない。とはいえ、性欲は語られはしないけれど、現に存在してあなたを翻弄する。

私が性欲について語ることができるとすれば、次のことだ。

女性の人生には、おそらく三人の男性（同性愛者ならば三人の女性）が必要なのだろう。

ひとりは、生活を共に構築していくパートナー。運命共同体を形成し維持する仲間だ。それは配偶者であることが多いだろう。

もうひとりは、発情期の間のあなたの性欲を満たしてくれる相手だ。

もうひとりは、知的に刺激を与えてくれる相手だ。

この三人が同一人物の中に実現していれば、もっとも好都合で理想的だ。しかし、おそらくそういう事例は稀《まれ》だと思う。

いいパートナーだし、知的刺激もまあまあだが、性交相手としては合わない。性交相手としてはいいが、生活を協力して運営するには無責任で無能で知的刺激もない。知的刺激はあるが、パートナーとしても性交相手としても駄目。パートナーとしても駄目だし、知的刺激も期待できないし、性交相手としてもハズレ。組み合わせでいろいろな事例が考えられる。

そもそも、ひとりの人間に三つの機能を期待するのは無理なのだ。非常に愛し合っている男女なのに、性交だけはうまくいかないという例も少なくないのかもしれない。

『夫のちんぽが入らない』の衝撃

二〇一七年に衝撃的なタイトルのエッセイ風小説というか小説風エッセイが発表された。こだま(これがペンネームだ)の『夫のちんぽが入らない』(扶桑社、二〇一七年)だ。実話だ。

この作品の主人公は、東北の過疎地で生まれ育ち、両親のストレスをもろに浴びる日々を過ごした。大学進学を機に家を離れ、小学校教師になるべく勉学に励んだ。初めて交際した男性と濃密な絆ができた。親しい友人は互いしかいない独りぼっちのふたりだった。

　しかし、高校時代に一度だけ性体験があったにもかかわらず、主人公は、夫の「ちんぽ」を何度試みても受け入れることができなかった。潤滑油を使用しても、彼女の膣は血だらけになった。それでも、ふたりは離れられず結婚した。

　主人公は、結婚後は小学校教諭として悪戦苦闘する。学級崩壊の中で子どもたちと向き合う日々。理解のない普通のありふれた同僚や上司。

　主人公は次第に精神のバランスを崩す。出会い系サイトで知り合った男たちと性体験を重ねる。ほかの男の「ちんぽ」は、いかに大きくても入った。

　夫は高校の熱血教師だ。万引きや家出を繰り返す生徒たちを指導し警察まで迎えに行くことが重なる日々を送っている。その熱血さゆえに同僚たちからは浮いている。夫はそのストレスをセックス産業で発散する。それを知ることは主人公にとって辛いことだった。

　ついに主人公は自殺する寸前にまで追い詰められる。やむなく退職する。その後は難病にかかり、三六歳で閉経する。これでやっと、子どもを持てとしつこく言う親族や世間から解放された。

しかし、夫は熱血教師の日々の疲れから精神的に病み、セックスワーカーの女性との交渉により性病に感染する。主人公は全力で夫を支える。もう「ちんぽ」が入らないことに悩まなくなった夫婦。ふたりは離婚する気はない。これからも共に生きていく。

こんな純愛物語があったろうか。私は、『夫のちんぽが入らない』を読み終えて泣いた。軽妙に書かれた文章の間から、どうやっても愛する異性と性交できない悲哀が迸《ほとばし》っていた。泣きつつも笑うしかない状況だ。問題は解決されぬまま人生の日々は過ぎていくのだ。

老年期に入るまでに自分の性欲を消費しておく

かくも、人間にとって性欲の扱いと処理は大切なことなのだ。生涯女性に触れない誓いを神に捧げたカトリックの神父たちの少年たちへの性的虐待が、世界でも日本でも暴露され問題になっている。女性に触れなくても、性欲は発露先を求める。性欲は生命力そのものなのだから、しかたない。

私は、これから、とんでもないことを書く。

もし、あなたが十全に女性として、人間として生きたいのならば、あなたの性欲を、あなたがそれを必要としなくなるまで満たしてくれる相手の確保が必要だ。

ただし、その人物は、あなたの生活のパートナーではないかもしれない。知的に尊敬できる人物ではないかもしれない。

しかし、男性が伝統的に利用してきたセックス産業施設と相似形の女性用の施設は、まだ現行の文化にはない。あったとしても、ビジネスとして市民社会の中で合法的に認められていない。

また、今のところ、ほとんどの人間は、自分が独占したいほどに特権的に大切な人間を、他人と平静な気持ちでシェアできるほどの段階には達していない。

したがって、「あなたが十全に女性として、人間として生きたいのならば、あなたの性欲を、あなたがそれを必要としなくなるまで満たしてくれる相手を確保すること」は、容易なことではない。あなた自身の内面の葛藤《かっとう》も大きいかもしれない。しかし、敢えて私はそれを薦める。

女性の性欲というのは青春期ではなく、意外と三〇代終わりから四〇代にかけて高まる。この真実を直視して、あなたなりの選択をしてください。

電子ブックの売り上げが増えているが、その売り上げには、自分の性交ファンタジーを満たす書籍のデジタル版を購入する女性が大いに貢献しているそうだ。そのような類の書籍は書店では買いにくいし、インターネット通販でも、家族の目に触れたら困る。だから、電子ブックなのだそうだ。

そういえば、私が利用するデジタル漫画販売サイトにも、非常に絵柄がロマンチックな伝統的少女マンガのようなポルノ系作品が多く出品されている。おそらく、あのような漫画の購買者は男性ではなく女性なのだろう。男性ならば、ストレートに実写ポルノ動画を漁るであろうが、女性は、むき出しな小汚い画像は好まないのだろう。

何を私が言いたいかといえば、女性にも性欲はあるし、それは大事な生きるエネルギーでもあるということだ。だから、中年期の間に消耗し切るまで生命力を燃やし性欲も満たしておかないと、あなたの老年期が不穏《ふおん》になるかもしれない。

現代の女性は消耗し切ることができるほどの出産も育児も家事労働もしない。賃金労働には消耗し切るほどの魅力はない。

前にも書いたように、研究や事業や芸術にエネルギーを注ぎ、性欲を昇華すればいいという説は凡人には通用しない。そんなことができるのは、限られた少数の天才だけだ。

中年期の終焉までに性欲を含む生命力を、あなたなりにできる限り消耗し切っておいたほうがいい。ただし、その結果については、どんな結果にせよ引き受けることを覚悟するしかない。

もちろん、リスクは大きい。後日大いに後悔することになるかもしれない。おそらく後悔する。

しかし、それでもなお、私は中年期の終焉までに性欲を、あなたなりにできる限り消耗し切っておくことを薦める。

でないと、あなたは、老いて若い人に嫉妬するはめになるかもしれない。高齢者施設で男性介護士に強姦されるという妄想にとらわれ大騒ぎするはめになるかもしれない。

看護師を勤める年下の友人によると、高齢者施設には、この種の「元淑女」が多いそうだ。若くして夫を戦争で失くし、夫に貞節を誓い生涯清らかに生きてきた真面目な女性が、認知症になり、高齢者施設でイケメンの男性職員が来ると、サッと下半身裸になるそうだ。下半身を裸にするのは、四〇年や五〇年前に徹底的にしておくべきだった。

あなたにとっての、「三人の男性」をあなたが獲得できるように、あなたのご健闘を祈ります。できれば、あなたの生活のパートナーが性交相手としても適切でありますように。

四人の男性が必要という説もある

なんてことは、現代の若いあなたは百も承知なのかもしれない。先に「とんでもないことを書きます」と私は書いたが、それがとんでもないと感じるのは、私が旧世代の昭和生まれの六六歳だからだろう。

つい最近、私の出版コンサルタントの方から私の「女性には三人の男性が必要」説と似たようなことを言っている人がいると知らされた。文章や写真にイラストや映像音楽などを投稿できるnote.muというウエッブサイトにエッセイを寄稿している「佐々木ののか」氏だ。

佐々木ののか氏は、「だから私は、家族と性愛」という題名のエッセイにおいて、結婚に適した相手が性愛を満たせる相手ではない問題をそれぞれのやり方で解決しているカップルの実例を紹介している。

また、「ユニークな遺伝子ください」というエッセイでは、結婚相手にふさわしい男性と、その遺伝子が欲しい男性は別であることも書いている。

さらに、「新世紀家族、ビッグバン」などのエッセイにおいて、家族は欲しいが結婚制度の枠の中の家族ではないと書いている。

私は、これらの佐々木ののか氏のネットエッセイを読み感心した。世の中は、私が思っているよりも急速に変化している！　すでに若い女性の思考は、大きく変化している！

現代の若い女性は、すでにして、生活のパートナーと、性交相手と、知的な刺激を受ける人の三人の男性と共に、自分が産む子どもの遺伝子のプールとしての男性計「四人」が必要だと考えている！

それが実現できるほどに、人間が自分自身の嫉妬や執着や依存性から解放されるといいのだけれど。

私は、ツイッターで佐々木ののか氏のフォロワーになり、こっそり彼女の投稿を読んでいる。

2・6 年下の人間との関わり方を学ぶ

現代はヒラメ人間受難時代

作家の筒井康隆氏が、かつて「年を取っても自分よりかなり年下の人間とつきあいがあるなら、運がいいと言える」という内容の文をエッセイに書いていた。そのエッセイが収録されていた書籍の題名が思い出せない。調べてみたがわからない。すみません。

筒井氏がどういう趣旨で、そのように書いたのかもわからない。そのエッセイの中でも、その理由は言及されていなかった（と思う）。

なぜ、ある程度の年齢になったら、年下の人間とつきあえる人間のほうが、そうでない人間より運がいいのか？

年齢を重ねれば、当然に年下の人間の数のほうが多くなるから、数の多い人間と巧《うま》くやれるほうが便利だからか？

もしくは、年を取って若い人と関わることができると、新しい情報が得られるから運がいいのか？

ズバリ、老いても金や権力があれば、若い人間も寄ってくるから、そういう意味で、若い人々と交際があるのは運がいいというだけの身も蓋もないことなのか？

言うまでもなく、若い頃は年上の人間と巧くやれる人間のほうが、情報にも機会にも恵まれる。いわゆる「ヒラメ」であるほうが圧倒的に有利だ。

ヒラメというのは、「上にはいい人間」の比喩だ。魚のヒラメは、頭部の側面に目がついていない。ひらぺったい頭部に目がついているので、上しか見えないように見える。その連想から「年上や目上の人間への対処ばかり考え、目下や年下には無神経になる人間」の意味で「ヒラメ」は使われてきた。

確かに、学校では「先生のお気に入り」（teacher's pet）になるほうが得だ。職場では「上司に媚びへつらう奴」（ass kisser, brown noser）をするほうが得だ。

ヒラメ人間は若い頃は熱心に目上にへつらい従い、年齢を重ねたら若い人間を好き放題に振り回す。

が、それは昔の話だ。社会の変化が遅い時代の話だ。社会の変化が速い現代においては、若い人間のほうが新しい情報吸収力が強いので、年長の人間のほうが情報弱者になる。

特に二一世紀になったあたりから、その傾向が顕著《けんちょ》になった。無神経なことを年下や目下の人間に口走っていると、パワハラやセクハラと非難されるようになった。

二〇世紀の大学教授は、女子大学院生にお茶の支度《したく》をさせながら、男子の院生たちと先にセミナーを開始して平気だった。ネチネチと気に入らない学生を苛《いじ》めるのも平気だった。今の時代にこんなことしたらセクハラやパワハラとして学内の人権委員会に訴えられる。

職場でも同じだ。終身雇用制が崩れ、職場に非正規雇用や任期制雇用が増えると、上司の言うことに素直に従っていれば安泰《あんたい》というわけではなくなる。どのようになるかわかったものではないのだから、理不尽な業務命令に従う意義も利益も義理もない。

もちろん、職場でのハラスメントは、まだまだ多い。女性が同僚や上司に苛められるという例は多い。ハラスメントをハラスメントと認識できる知的精神風土の醸成《じょうせい》が、まだまだ日本には不足している。

しかし、この傾向もじょじょに是正されていく。長い目で見れば、ハラスメントが文化であるような企業は成功しない。内部告発もより一層なされる。市民社会は、そのような類の企業を認めなくなりつつある。

このような時代になると、根っからの「ヒラメ」体質は不利になる。このようなヒラメ体質の人間は、年下の人間が自分に対してヒラメであることを無意識に期待している。しかし、「ヒラメ」をしても若い人間にはメリットがない時代になった。ヒラメ体質の人間にとっては、はなはだ不本意なことだけれども。

私は職場で、老いて困惑しているヒラメ人間の成れの果ての実例を随分と見た。時代はどんどん変わっている。

だからこそ、筒井康隆氏は、年を取ってから、自分より年下の人間とつきあいの多い人間は運がいいと言及したのだろうか。時代の変遷に適応できているという観点から。

最近は、「切れる高齢者」の問題が大きい。これは、時代の過渡期の現象のひとつだ。自分は子どもの頃からヒラメやってきたのに、老いた自分に誰もヒラメしてくれない！　自分は努力して年長者をお守《も》りしてきたのに、今の自分を誰もお守りしてくれない！　これでは、自分は損ばかりではないか！　という被害者意識から、哀しくも切れる高齢者が多いのではないか。

彼らや彼女らは、前提として、若い人間は自分に気を遣《つか》うべきであり、自分は尊重されお守りされ特別扱いされるべきだと思っている。だから、ごくあたりまえに普通に対処されると大いに傷つくのだ。

ヒラメになりようがないブスで馬鹿なあなたの強み

その点、ヒラメで生きてこなかった人間は強い。非ヒラメ人間にとっては、年上であろうが年下であろうが、目上であろうが目下であろうが、どちらも大差なく同じ他人だ。どちらも自分の価値判断から関わるかどうか判断して選んで交際する他人である。

他人にお守りされずとも平気であり、それがあたりまえの常態であり、自分の面倒は自分で見るものであると、思い定めてきた人間は、今のような時代になっても平気だ。

これからの時代は、個人の尊厳がわからない人間や、序列優劣意識から相手によって態度を変える人間や、他人に自分へのお守りを期待する人間は、一層に生き辛くなる。

自分より若い人とつきあえる人間は、若い人から見て関わっても不快じゃない人間だ。加えて、若い人たちに知識なり情報なりカネなり、何がしか与えるものを有していて、かつ自立したキャラクターの持ち主ということになるのだろう。それなら、確かに筒井康隆氏の指摘したように、「運のいい人」だ。

あなたはブスで馬鹿で貧乏だから、職場組織の中でも誰にも奉《たてまつ》られなかった。甘やかされもしなかった。つまり、あなたは、今とこれからの時代を生きるのに適している。

他人はみな情報の束《たば》であなたの教師

中年期になって変わってくることは、自分より年下の人間がどんどん増えることだ。あたりまえのことだけれども。

しかし、これは、時になかなか不快なことになる。特にブスで馬鹿で貧乏なあなたにとっては。

若い人間というのは、若いということだけで、どんな立場の年長者に対しても優越感を持っている。その優越感は、慇懃無礼《いんぎんぶれい》不快な態度として表出されがちだ。

あなたはブスで馬鹿で貧乏であるので、高い社会的地位に就いているわけではない。そのような男の妻でもない。だから、年下の人間からも軽んじられやすい。挨拶でさえ省かれやすい。

彼らや彼女らに悪気があるわけではない。若い人間は、単に不注意で心無いだけだ。彼らや彼女たちは自分のことで精一杯だ。そこは大目にみるしかない。

あなたも馬鹿だから、若い頃に似たようなことを年上の人間にしでかしていたに違いない。そうでないようなキャパシティのある優秀な若者が、あなたの子どもであれ、同僚であれ、隣人であれ、ブスで馬鹿で貧乏なあなたの近くにいるわけがない。

職場でのハラスメントというのは、役職者が平社員に行使するものと考えられることが多いが、実は年下の同僚が年上の同僚に対して行使することも少なくない。

中年女性が若い同僚たちの間で居場所がないのが辛いという理由で退職する例もある。正規雇用の若い男性社員が、パート勤務の中年女性に対して横柄に振る舞い、ハラスメントまがいの言動を取ることはよくある。馬鹿は、どの世代にも棲息している。

世代が違うと、受けた教育や情報も違う。育ったカルチャーが違う。あなたより年下の人間は電話での言葉使いはトンチンカンかもしれないが、情報通信機器の操作はあなたより得意だ。

　年下の人間は無思慮で想像力がないが、自己犠牲的な理不尽な要求から身をかわすことは巧いだろう。

　年下の人間に接するときに、あなたの意識の中に、優劣や序列の価値観を忍び込ませないようにしよう。あなたが、年下の人間より無能であろうが有能だろうが関係ない。他人と自分を比較する必要はない。

　みな、この世界のヒエラルキーの中で、支配構造に組み込まれて生きている庶民だ。政治の無策に翻弄される吹けば飛ぶような庶民だ。それでも精一杯生きている庶民だ。みんな、あなたと同じ。

　人間は誰もが情報の束だ。誰もが、どんな他者からも学ぶことができる。あなたも誰からも学ぶことができる。出会う人はすべてあなたの教師だ。一〇歳の子どもからも学ぶことができる。貪欲《どんよく》に学ぼう。情報は、あなたの内部から湧き上がってこない。外から来る。宝は外部からもたらされる。

　この心的態度を身につけていないと、あなたは年齢を重ねるごとに、生き辛くなる。あなたの知る世界が狭くなる。それは、つまらないことだ。

2・7 お金について

金儲けも貯金も蓄財も特殊な才能が要る

ここではお金のことを書く。あなたは馬鹿で貧乏なので、お金の管理が得意なわけがない。遺伝子的にそのような資質に恵まれていない。金融リテラシーについても文盲《もんもう》だ。

あなた自身、馬鹿なりにいろいろ考え、いろいろ読み、いろいろと自制を試みてきたが、まともに貯金もできなかった。無理もない。お金儲けにしろ蓄財にしろ天性の資質というものが必要だから。

平々凡々以下で低収入なのに、貯金できる人がいる。非常に才気煥発《さいきかんぱつ》で有能なのに、蓄財能力はない人がいる。

人格下劣で不快な人物だが、金銭的には自己管理できる人がいる。非常に魅力的で才能にあふれているが、金銭的には破綻している人がいる。

天下の大秀才なのに、稼いだお金がすぐに消える人がいる。銀座まるかんの社長の斎《さい》藤一人《とうひとり》氏のように中学さえまともに通ったことがなくても、納税日本一を長年の間、達成できる事業家もいる。金儲けと蓄財は特殊な才能だ。

ドイツの超有名な社会学者のマックス・ヴェーバーは二〇世紀初頭に『プロテスタンティズムの倫理と資本主義の精神』（大塚久雄訳、岩波文庫、改訂版、一九八九年）を発表した。そこにおいて、展開された仮説を、非常に大雑把に簡単に言い換えれば、こうなる。

「隣人に必要なものやサービスを提供することで金儲けができて、禁欲できて、節約できて、蓄財ができる人間が、神から選ばれている人間であり徳があるのであって、貧しい人間は、隣人に役にたつものやサービスを提供できない無能者であり、隣人愛がないから貧乏なのであり、倫理的に劣るという考え方が近代資本主義を形成した」。

近代資本主義や産業主義が発展した国々は、アメリカや英国やドイツやネーデルランドや北欧だけだった。これらの地域は、プロテスタンティズムの中でもカルヴィニズムが精神風土となったところだ。

カルヴィニズムの特徴は予定説だ。予定説とは、人間の救済は神があらかじめ決定しているのであって、人間の努力や行動でその予定は変えることができないという説だ。ところが、人間は素直に予定説を受け入れることができない。自分は救済されると思いたい。するとどうなるかというと、いかにも自分は神から選ばれた救済される人間であるかのように振る舞う。勤勉に生産性を上げることで隣人に貢献する。その結果により富を獲得したら、さらにその富を利用し、共同体に貢献する。

プロテスタントの中でももっとも尖鋭《せんえい》化されたピューリタンによって建国されたアメリカには清貧という思想はなく、貧乏は道徳的な恥辱《ちじょく》になった。富を形成できないのは、神から選ばれていないのであって、神の恩寵が足りないのだと考えられた。

この仮説は、とんでもないといえば、かなりとんでもない。カルヴィニズムを受け入れた人々は、神は人間の願望や思惑の外部にあると知っていながら、人間の都合の良いように恩寵を解釈していると暗に言っている。その意味で、神を人間の都合に合わせて使用していると暗に言っている。信仰なんてものは、その程度のご都合主義だと暗に言っている。

つまり、人間存在というのは、あくまでも人間中心であり、神への絶対的な帰依《きえ》などできはしないのだと示唆している。これは一種の無神論だ。

よく、このような大胆なことを二〇世紀初頭に語れたものだ。

しかし、とにかく、近代資本主義の精神の根っこは神への信仰であるというこのマックス・ヴェーバーの仮説は、資本主義の精神的倫理的背景を鮮やかに分析したものとして、今でも重要視されている。

しかし私は邪推《じゃすい》している。この仮説は、労働者を搾取しなければ、どうしても利潤が蓄積されない仕組みとしての資本主義の冷酷な側面を隠蔽《いんぺい》するのに非常に便利な説だから、かくも学問的に評価され広められてきたのではないかと。

その日暮らしが歴史的には普遍的

それはさておいて、あなたは、このマックス・ヴェーバーの仮説を聞いて、金儲けもできないし貯金も下手だし節約もできない自分の無能さをあらためて恥じるかもしれない。しかし、恥じる必要はない。

そもそもが、マックス・ヴェーバー言うところの近代資本主義精神の起源であるところのプロテスタンティズムの倫理のほうが歴史的に新しく、かつ変態だ。

私たちは、貯金とか節約とか蓄財とかの行為は普遍的な人間の営みだと思っている。しかし、どの歴史的段階でも、ほとんどの人類はその日暮らしで生きてきた。今日を生き延びることができれば、明日のことは思い煩うことなく、テキトーに生きてきた。今だけを生きてきた。未来のために今を諦めて合理的に生きるような抑圧的なことはしなかった。

あなたのほうが、人類としては自然で正常なのだ。

とはいえ、今のあなたは資本主義社会に生きている。資本主義社会は、命よりもお金が優先される世界だ。あなた自身は、お金についての才能は全くない馬鹿な貧乏人なので、この資本主義社会では敗者にならざるをえない。

しかし、勝つ必要などない。生き抜いてさえゆければいい。身も蓋もないことを言うが、お金については、私は駄目だなと諦めつつも、でも諦められない、何とかならないかな、でもやはり駄目だ……の繰り返しで生きていればいい。お金に関する才能がない人間は、そうやって生きていくしかない。

生きていければ、それでいいではないか。発作的《ほっさてき》に節約本や貯金方法や投資本などを読んでみても、できることは、せいぜい五〇〇円玉貯金ぐらいでしかないというあなたでいい。

「自分のお金」について考えていれば現実から遊離しない

ただ、「自分のお金」と「他人のお金」は区別しよう。自分のお金は現実だ。他人のお金はファンタジーだと思えばいい。

「自分のお金」のことだけを気にしていれば、それでいい。「自分のお金」のことを考えれば、自分の足元を見ざるをえない。「自分のお金」のことを考えれば、あなたがどんなに馬鹿でも、現実から遊離しないですむ。「自分のお金」について思いをめぐらせばめぐらすほど正気になることができる。

あなたは馬鹿だから、必要なものと欲しいものがゴッチャになりがちだ。しかし、どんなに欲しくても買えないものは買えない。それでも買ってしまったら、こうなるし、ああなると想像を重ねれば重ねるほど、欲しい気持ちが萎《な》える。

「自分のお金」についていつも考えるという点が重要なのだ。「他人のお金」ではない。自分に金を貸してくれて催促をしないお人好しの友人のお金でもない。親のお金でもない。配偶者のお金でもない。子どものお金でもない。サラ金のお金でもない。公金や補助金という税金のことでもない。「自分のお金」について考える。

「自分のお金」に関しては、人は真剣にならざるをえない。「自分のお金」の管理について真剣に徹底的に考えた人々が、「帳簿」（会計簿）というものを発明し、「複式簿記」を発明した。

国であれ、企業であれ、個人商店であれ、簿記に基づいた金銭や資産の収支を把握していない組織は存続できない。

ある組織や集団の存亡《そんぼう》は会計にかかっている。帳簿に示された数字を無視すれば、滅びる。太平洋戦争に突入していったときの日本の会計簿は、どうなっていたのだろうか。

西洋世界に近代化をもたらしたルネッサンスの守護者であったイタリアはフィレンツェの大資産家メジチ家が滅びたのはなぜか。子孫が収入支出資産を記録する会計を軽視したからだ。ジェイコブ・ソールの『帳簿の世界史』（村井章子訳、文春文庫、二〇一八年）を読んでみてください。むちゃくちゃに面白いから。

私は簿記も知らないし、家計簿をつけることでさえ長続きしたことがないが、会計の歴史などを読むのは好きだ。お金が動かしてきた歴史を読むのが好きだ。

それらを読んで知ったことは、人間は他人のお金については真剣になれないということだ。公金とか税金という他人のお金になると、人はついつい非現実的になる。特定の個人の誰のものでもないお金は、必ず無駄に無意味に非合理に浪費される。

巨大な戦費の必要な戦争は、お金のことを考えればしないのがもっとも得であり国益にかなう。なのに、究極の浪費である戦争は繰り返されてきた。

なんとなれば、「自分のお金」でなく「他人のお金」の使い道については、為政者《いせい》であろうが官僚であろうが、ほんとうには真剣に考えることができないからだ。

公金によるプロジェクトはだいたいが赤字で失敗に終わる。年金原資一九五三億円を使いまくって、一九八〇年から八八年にかけて日本全国一三箇所に設置したリゾート施設「グリーンピア」は赤字続きで、民間に四八億円で譲渡《じょうと》された。もっと低価格で処分されたという説もある。かくも他人のお金は無駄にされる。

さいわいなことに、あなたは馬鹿で貧乏なので、補助金という税金に食らいつくだけの知恵も情報も人脈もない。だから公金の横領はしなくてすむ。あなたには、ささやかな額の「自分のお金」しかない。

だからこそ大丈夫だ。現実から遊離しない。現実から遊離しなければ、大きく判断を間違うこともない。大失敗もしないですむ。

ならば何とか生きていける。食べていける。貯金などなくとも、食べてさえゆければいい。その日暮らし、その月暮らしでも、生きてさえいられれば問題はない。

『となりの億万長者』だけ読めばいい

何度も言うが、あなたは馬鹿で、金融リテラシーについて文盲だ。そもそも資質がない。どんなにその方面の本を読み漁っても無駄だ。

しかし、以下の本だけは読んでおくといい。アメリカのトマス・J・スタンリーとウイリアム・D・ダンコによる *The Millionaire Next Door*（Simon & Schuster,1996）だ。邦題は『となりの億万長者——成功を生む七つの法則』（斎藤聖美訳、早川書房、一九九七年）だ。

『となりの億万長者』は、二〇世紀末のアメリカ合衆国で金融資産一〇〇万ドル以上を所有している人々の二〇年間にわたる調査記録の分析だ。この調査は、五〇〇〇人以上の億万長者と一万一千人以上の高収入者に対するインタビューとアンケートから成っている。

『となりの億万長者』は、アメリカ人のお金持ちたちの、一見アメリカ人らしからぬ意外にも非常に堅実な生き方を読者に教えてくれる。要点だけここで挙げる。

(1) アメリカの億万長者のほとんどは、男女問わず自力で財産を築いた。彼らや彼女らの半分近くは自分で稼いで学資を払うか、学資ローンを返済した。

(2) 収入額と蓄財額は必ずしも比例しない。収入は低くても「蓄財優等生」がいる。収入は高くとも「蓄財劣等生」がいる。高学歴の高収入の医師とか弁護士や大手企業のエリート社員などは意外と蓄財劣等生である。ステイタスを顧客に示すために、服装や持ち物や自動車や住居に威を張らねばならないから。同じ職種の仲間同士の競争もあるから。ブルーカラーで低学歴なほうが、虚栄のためにカネを使わないので、億万長者になりやすい。

(3) 蓄財のまっとうで合法的な方法はいくらでもあるが、確実なのは収入以上にカネを使わないこと。支出を減らすこと。これに尽きる。勤勉と倹約と自制。常に収入以下の暮らしをする。それ以外に富への道はなし。

（4）アメリカの億万長者のほとんどは、収入が増えても生活水準を上げない。高級住宅街に住まない。家も小さい。広い家は維持費がかかる。別荘など無用。自動車は故障しないトヨタ。時計はセイコー。衣料品もブランド物ではなく、質のいい大衆向け製品。スーツは四〇〇ドルまで、靴は一五〇ドルまででいい（一九九六年時価）。高級レストランで食事しない。安くてうまい店を探すか料理を趣味にする。余暇活動もカネのかかることはしない。

（5）寄付はする。収入の最低一〇％は寄付している億万長者が多い。それも収入が低い頃から、寄付をする割合を定め、残りの収入以内で暮らしを立てることを習慣としてきた人が多い。

（6）アメリカの億万長者のほとんどは、カネの心配から解放され「自由でいたい」ので、蓄財に励んだ。自分で自分の面倒を見て、子どもの学費や親の介護費用の捻出《ねんしゅつ》にクヨクヨしないですむために金持ちになりたかった。

（7）アメリカの億万長者のかなりの数の人々が、家庭で堅実な金銭教育を受けた。彼らや彼女たちの親は、働いてカネを得ることの尊さと、そのカネを有効に使うことを子どもに教えた。家計を明らかにして、子どもの前でいい格好はしなかった。カネができても子どもにさとらせなかった。公立のハイスクールでも勉強さえすればいい大学に行けるのだから、私立に行かせなかった。

(8)アメリカの億万長者の中には、駄目親に育てられたからこそ、親が反面教師となり、金銭の扱い方を独学で学んだ人々も少なくない。収入をくだらないことに浪費し、子どもの学費も出せない親に見切りをつけ、高校時代から独立の準備をしたという億万長者は女性に多い。浪費家の父に翻弄されたままの経済的に無力な母を見て育ったので、ああはなりたくないと、経済的に自立した女性になることを少女期からめざした。

(9)いくら勤勉に働いて高収入になっても、所得税をかけられ政府から収奪《しゅうだつ》される。ある程度蓄財したら、税金をかけられない形態に財産を変える。そのための勉強は他人に任せずに自分でした。投資会社や銀行や証券会社のセールスの口車に乗らなかった。

(10)アメリカの億万長者の半分以上は初婚の相手と添い遂げる。人間関係の「出入り」が多いとカネがかかる。離婚すると慰謝料が必要になる。財産分与や転居も必要となる。そのほかの離婚に関わるストレスへの対処で、精神分析医にかかる。これも費用がかかる。総じて「ロマンス」に「冒険」に「波乱万丈」はカネがかかる。平々凡々が一番経済的。浪費家の亭主や女房とは、サッサと縁を切る。

以上が『となりの億万長者』の要点だ。この本の出版から二〇年以上が経過した。途中にはリーマン・ショックの金融危機もあった。しかし、おそらくこの本に書かれている「億万長者になる方法」は現在でも有効だろう。

この本の大ヒットに刺激されて著者たちは続編もいろいろ書いている。内容は、元の『となりの億万長者』とほぼ同じだが。

しかし、この本を熟読しても、あなたが蓄財優等生になれる見込みは薄い。本を読んだくらいで賢くなることはないし、欠如している才能が生まれることもない。

それでも、時々は、この本の内容を思い出すことは、馬鹿なあなたを現実につなぎとめてくれるだろう。

カネを失くすことは厄落としになる

窃盗《せっとう》にあうのであれ、詐欺のカモになったのであれ、家族を含む他人に無駄に無意味に貢《みつ》いだのであれ、浪費であれ、自分の不注意と不用心ゆえの喪失であれ、理由は何であれ、あなたがあなたにとっての大金を失くした場合は、いつまでも嘆いていないことだ。

なんとなれば、それは厄落としになるから。大難が小難になったのだから。そう思って間違いないので気落ち無用。

命の次に大事な金を失うということは、もしくは資本主義社会においては命よりも大事なお金を失うということは、代わりにあなたの命が守られるということだ。

何かを得れば何かを失う。何かを失えば何かを得る。比喩は悪いが、目が悪いのならば、美しいものを見ることができないが、醜悪《しゅうあく》なものも見ないですむ。

あなたは生きてきて、自分がブスで馬鹿で貧乏だからこそ、守られてきたと思ったことはないだろうか。

美貌に生まれれば、その美貌を保持するために手間もカネもかかる。ストーカーにも遭いやすい。他人から関心をもたれるということは、不自由なことである。

あなたは貧乏だからこそ、選択肢が少なく、逃げ道もなく、あまり迷うこともなく生きてこられた。

頭が良ければ、蓄財方法や投資方法をいろいろ考え試すこともできるが、失敗することもあるだろう。馬鹿なあなたは、何もできなかったので、失敗もなかった。

何事にもプラスとマイナスはある。ついつい、人間はマイナス面しか見ない。物事のプラス面を見ることを、ブスで馬鹿で貧乏なあなたは特技としよう。

2・8 さらに学び続ける

中年期こそ最後のチャンス

さて、中年期に関するお話も終わりが近づいてきた。もし、あなたが相当に馬鹿で、青春期に読書の習慣をつけ損ねているのならば、中年期は最後のチャンスだ。中年期からなら、まだ間に合う。

なぜ最後のチャンスかといえば、老年期に読書の習慣をつけるのは無理だからだ。活字を追うという作業も肉体労働だ。老年期に初めて試みるのは体力的に難しい。活字を追いながら思考や想像力をめぐらせるという作業も、老年期からでは身につかない。

人間も部品があきれるほどに極度に多い超精密な機械であり、その機械の部品である脳を読書という行為に有効に稼動できるようカスタマイズするにも時間がかかる。活字を目が拾い、言葉の概念に想像力が作用して、脳の中に絵や映像が結ばれる。このようなプロセスが自然に滑らかに作動するだろうか、六五年間も放置された後に。新品の掃除機やラジオのような簡単な機械でさえ、使用せずに六〇年以上放置しておけば、稼動しないだろう。

読書の有効性について、青春期編で書いたことを、また繰り返す。読書というのは、あなたのように馬鹿で貧乏な女性こそ、身につけておくと便利な習慣であり技術だ。速く読む必要はない。大量に読む必要もない。途中まで読むのでもいい。一部を読むだけでもいい。

書籍は非常に費用対効果が高い。三千円で買えるシャツはそれなりのものでしかないが、三千円する書籍はほぼ専門書であり、その専門書一冊を書き上げるために、著者は一〇年以上もの年月の間に獲得した知識と見識を惜しまず注ぎ込んでいる。書籍を生産した労力を考えると書籍の価格は非常に低い。言語道断なほど低い。これは読者にとってすさまじい恩恵だ。

繰り返す。中年期は、読書を習慣にできる最後のチャンスだ。退職したら、老いて時間ができたら読書三昧《ざんまい》の日々を送ろうと思っても、できない。舐めんじゃないよ、読書を。

読書対象を広げる

このセクションは、自分は馬鹿だと自覚して青春期からたゆまず活字を読み考えてきた女性に向かって書く。

あなたは、以前よりは、日本語の読み書きもできるようになっている自分に気がついているはずだ。常に散漫《さんまん》になりがちな注意力ではあっても、あなたは人の話もきちんと聴き取れるようになっているに違いない。

それは、地味ながらも、すごい強みだ。

あなたは若き日に読書を習慣にしたことによって、長い孤独の時間を充実させてきた。辛い状況に陥っている自分自身を距離を置いて眺めてみることもできるようになった。

で、この中年期あたりから、薄手の岩波文庫の社会科学の古典とかにも挑戦してみよう。そのような類の学問的本など読まなくても、あなたは学者ではないのだから、全く困らない。ではあるのだが、もうちょっと日本語に上達してみよう。

そういう学問的な本を読んでみるとわかることがある。自分が常に読んでいる雑本や、読みやすい小説や、ネットで読むものが、いかに根拠のないことを根拠ありそうに自信たっぷりに書いているか、わかるようになる。

世の中には、根拠もデータもないことを書くと馬鹿にされて全く相手にされない分野と、適当なことを言いっぱなしで構わない分野がある。後者の分野しか知らないのは危険だ。

そういうことを知ると、新聞でも、テレビのニュース解説番組でも、ネットの国際ニュース動画配信でも、見方が違ってくる。「何を根拠として、こーいうこと言ってるの？」と考えるようになる。

もちろん、一見学問的に見えて、いい加減な本もある。いかにもいかにも深遠《しんえん》な真理を語っているようではあるが、どうしてもっと簡潔に書けないのだろうかと不思議になるような本もある。

それでも、学問的とされるような本もちょっと読んでみよう。

あなたは、もともとが馬鹿だから、雑本や小説の類でも、いろいろ読んできたとなると、ちょっとは物を知っている気分になってしまう。まだまだ無知蒙昧なのに、よく知りもしないことに口を挟《はさ》んでいい気になってしまう。

中年期のオバサンには誰も忠告しない。家族や友人ですら忠告しない。知ったかぶりの口うるさいオバサンの相手をしているほど、みな暇ではないし親切でもない。

自分が何を知っていて、何を知らないかを把握するためにも、読む本の範囲をちょっとずつ広げていこう。自分には関係ないと思わずに、ちょっと覗いてみよう。ほんとうのところは、あなたに関係ないことは、この世にはないのだから。

地頭《じあたま》だけに頼っている人はいない

世の中には、高学歴でもないし、知識産業の専門職でもないけれども、「地頭」のいい人というのは存在する。「じあたま」と読んでくださいね。「じとう」じゃないです。

物事の本質をサッと把握できて、適切なときに適切なことを言えるし、適切なことを実践できる人は存在する。そういう人は地頭のいい人だ。

あなたは、馬鹿だから、地頭のいい人は、そういう生来の特別な才能があるのだと思う。しかし、そうではない。

ただただ勘で判断して動いているように見える地頭がいい人は、やはり、人の見えないところで勉強している。情報を収集している。それを習慣的にできているから、地頭のいい人でいることができる。

無から有は生まれない。皮肉なことに、頭のいい人ほど一層に勉強する。美人は、一層に美貌の保持に努力する。料理の得意な人は、どんどん自分なりのレシピを開発する。一方、駄目な人間は、もっともっと駄目になりやすい。不健康な人は、さらに不健康になりやすい。意地の悪い人間は、さらに意地が悪くなりやすい。

だからこそ、もともとが馬鹿なあなたは、中年になれば、もっと馬鹿になりやすいことを自覚して、し過ぎることはない。知ったような気になっていないで、謙虚に勉強を続けよう。読書し続けよう。考えよう。

五〇歳過ぎたあたりになれば、馬鹿なあなたでも、岩波文庫の白帯本（法律、政治、経済、社会）の内容がけっこう理解できるようになっている。青帯本（思想、仏教、歴史、地理、音楽、美術、哲学、教育、宗教、自然科学）も読んでみるといい。

白帯本とか青帯本というのは、昔は岩波文庫は、ベージュの地の文庫本に五つの分類によって色分けした帯がついていたからだ。今は、そんな帯はついていない。その代わりに、表紙のタイトルが色分けされている。赤は文学作品で、緑は日本の近現代文学で、黄色は日本の古典文学だ。

中年期になったあなたには、私は白と青を薦める。

フェミニズム運動の恩恵を受けている現代女性

さて、これで中年期編は終わる。いろいろと、中年期の大変さを書いてきた。中年期というのは、美人で優秀でカネがあっても辛い時期だ。ブスで馬鹿で貧乏なあなたにとっては、非常に辛い時期だ。

しかし、大局的に見れば、現代の中年女性は幸運だ。旧世代の中年女性よりも生きかたの選択肢は増えた。

女性の生きかたの選択肢が増えた理由は、経済の発展と近代化だ。それに加えて女性解放運動のおかげだ。フェミニズム運動のおかげだ。

いわゆるアメリカの「ウーマン・リブ」女性解放運動が日本に上陸したのは、

一九七〇年代初頭だった。私が高校生であった一九六〇年代の終わり頃には、すでにその噂は聞こえていた。

一九六〇年代後半には、アメリカでは、同性愛者差別抵抗運動と共に女性解放運動が華々しく展開されていた。これは、アメリカでは第二次女性解放運動と呼ばれている。

第二次女性解放運動があるのだから、もちろん第一次女性解放運動があった。第一次女性解放運動は一九世紀の南北戦争前から始まった。黒人奴隷を解放することに賛成する一種の慈善活動は、意識高い系女性を中心に展開された。同時に、これらの慈善活動は、女性たちが女性解放運動を始める土台となった。

彼女たちの目標は女性の投票権獲得だった。一九二〇年に女性に投票権が認められ、第一次女性解放運動はひとまず沈静化した。

一九六〇年代に再燃《さいねん》した第二次女性解放運動の目標は、主として、女性の社会進出や男女同一労働同一賃金の実現や、女性の性や生殖の自己決定権を求めるものだった。

日本における女性解放運動は常にアメリカのそれに牽引《けんいん》されてきた。

最近のハリウッドを騒がせている #Me Too 運動は、アメリカにおける第三次女性解放運動かもしれない。

私の小学生や中学生時代は、まだまだ性差別的だった。男の子は乱暴で威張《いば》っていた。ほんとに無神経だった。生徒会長は男子学生だった。女子学生は、どんなに優秀でも副会長だった。

しかし、それでも、すでに私の高校時代には、女が高等教育を受けるのはあたりまえになっていた。女の子は大学なんか行かなくていいなんて言う親は、時代錯誤のアホと見られるくらいにはなっていた。

大学時代には「フェミニズム」という言葉が生まれていた。大学でも性差別はあった。しかし、「犬は吠える。しかしキャラバンは進む」だ。馬鹿は放置だ。

アメリカのフェミニズム運動に資金を提供していたのがロックフェラーであり、女を家庭から労働市場に駆り出して税金を取ろうとする陰謀の一環が女性解放運動だという説がある。

だから何なのか？　陰謀でもなんでもいい。女が金銭を得ることができるようになったのは、いいことだ。稼ぐことができず貨幣を持たない人間は足蹴《あしげ》にされるのが資本主義社会だ。男も女もない。貨幣の下の平等だ。いるかいないかわからない神の下の平等よりは、貨幣の下の平等のほうが信じられる。

セクシュアル・ハラスメントという言葉が生まれたのは、一九八〇年代半ばだった。アメリカのフェミニストたちが火付け役だった。私が大学に専任で就職した一九八六年頃には、職場におけるセクハラは抑止され始めていた。

一九九〇年代に入ると、大学内に人権委員会ができた。明確なセクハラを受ければ訴えることができるようになった。

とはいえ、まだまだ今の時代にも性差別は続いている。相変わらず女性は性犯罪の犠牲者になっている。女性に対する性犯罪に対する法的罰則は、まだまだ不当に軽過ぎる。

それでも、まがりなりにも先進国ならば、おおっぴらに公的に法的に性差別できない時代に私たちは生きている。性差別の撤廃《てっぱい》や、目に見えない差別の完全解消是正はできないにしても、少しずつ改善の方向に進んでいる。

この動きは後戻りしない。多少のゆれ戻しやバックラッシュはあっても、この動きは止まらない。このような時代は世界史始まって以来だ。

フェミニズムの歴史は一九世紀アメリカに始まったわけではなく、一八世紀のイギリスやフランスに端を発しているが、ほんとうのところは、もっと前から始まっていた。

フェミニズムの歴史を概観したいならば、エステル・フリードマンの『フェミニズムの歴史と女性の未来』（安川悦子・西山恵美訳、明石書店、二〇〇五年）がわかりやすくていい。

フェミニズムについて、基本図書をもう少し知りたいならば、上野千鶴子の『〈おんな〉の思想――私たちは、あなたを忘れない』（集英社、二〇一六年）がいい。フェミニズムの名著のガイド本でもある。

一九八〇年代以降の世界の潮流と日本におけるフェミニズムという政治運動が、いかにあなたの生活や人生と関係してきたかを俯瞰《ふかん》したいのならば、「長いまえがき」で言及した『女たちのサバイバル作戦』を読もう。ここ三〇年ほどの日本の女性の生き方の変化が鮮やかに整理分析されている。

今のあなたには、大きな歴史の流れの中の自分の状況の意味など考える余裕はないかもしれない。

しかし、女性としてのあなたは、この時代に生まれて、確実にラッキーなのだ。そのラッキーさを理解して欲しい。先人のフェミニストたちに感謝して欲しい。

とはいえ、女性の社会進出や自己決定権の拡大は、必ずしもフェミニストたちの努力だけによるものではなかった。イギリスで女子教育に力が入れられたのは、イギリスの帝国主義政策によりイギリス人の男性たちが海外に送り込まれ、国内の独身男性の数が減り、結婚できない女性たちが大量に出現したからだ。その「余った女性たち」（odd women）に自活できるだけの教育を提供するために女子教育が発展した。フェミニズムへの理解が広まったからではなかった。

しかし、それでも、先人のフェミニストの奮闘がなければ、女子教育の普及と発展はもっと遅れたに違いない。あなたの生きる状況は、もっともっと不快なものになっていたに違いない。

社会は自然に発展していくものではない。誰かの努力や奮闘があってこそ、社会は動くし変わる。作り変えられていく。

フェミニズムの歴史を知らないことは、あなたの女性としての人生を、あなた自身が冒瀆《ぼうとく》することと同じだ。

フェミニズムという思想には賛成するがフェミニストは嫌い？　あなたの気持ちはわかる。うざいフェミニストが多い？　確かに。

しかし、まあ、人間は不完全な生き物だ。ニーチェの精神から程遠いニーチェ研究者は多い。科学的精神を持たない科学者も多い。セクハラしかしない人権派ジャーナリストもいる。思想と人間は別に考えよう。

ともかく、老年期に入る前に、やれるだけのことを実践し、やりたいことは、できる限りすべて経験しておこう。空っぽになるまで、消耗し尽くすまで、中年期を存分に生きてください。できることなら、中年期の終わりに、力尽きて死ぬのが理想的だ。

ほんとうは老年期があなたに来ないほうがいい。なんとなれば、高スペックの頭が良くてお金もある人でも、日本の現代と近未来における老年期を充実させて生きることは難しいから。なのに、低スペックの馬鹿で貧乏なあなたの老年期など、とんでもない地獄になりかねないから。いや、大げさでなく。

Part 3
匍匐前進老年期
（死ぬまで）

3・1 日本の現代と近未来は老人受難時代

馬鹿は中年期の終わりまでには死ねない

さて、中年期の終わりまでに、あなたは、自分を燃やし尽くせましたか？　消耗し尽くしましたか？

おそらく、そうはできなかったはずだ。おめおめと六五歳まで生きてこれてしまったはずだ。なんとなれば、あなたは馬鹿だから。

消耗し切って死ぬためには、自分を賭けて消耗させる対象が必要だ。そうした対象を見つけるには、それだけの才能が必要だ。ついでに死ぬほど頑張ることができるスタミナが必要だ。

ところが、馬鹿なあなたには、そのような対象を見つける才能がない。自分を燃やし尽くし消耗し尽くすだけのスタミナがない。過労死できる能力がない。何につけても、あなたは中途半端だ。全身全霊を傾けて何事かをする集中力も探究心もない。

だから、あなたは中年期の終わりまでに、自分を燃焼し尽くして死ぬなどということはできなかった。

だから、六五歳過ぎてもまだ生きている。馬鹿なあなたの人生には、早死にとか夭折《ようせつ》というロマンチックな結末はない。エネルギーを消耗し切らないと、ほんとに空っぽにならないと人間は自然死できない。

もし、あなたに六五歳過ぎたあたりで、ガンが見つかり、そのガンが進行性であるのならば、喜ぶべきだ。ということは、残された生存期間が数年か、運が良くて五年から一五年ということになる（もちろん例外はあるが）。

そうなると、適切な闘病により生存期間を延長させるという明確な目標ができる。生きている間に、身体が動く間に、「終活」もできる。

中年期編で私が薦めたように、あなたが、あなたの能力では達成できそうもないような分不相応な野望を心に抱き、三人分の人生を生きるつもりで生きてきたけれど、能力が足りずに六五歳まで生きてきてしまったのならば、このまま、その野望の実現に邁進《まいしん》しよう。

そうでない場合は、自分なりの老後の課題を設定したほうがいい。そうでないと、あなたは、ただただ無駄に生きているだけの老年期を過ごすはめになる。

ただただ虚しく生存しているのが悪いわけではない。それで十分楽しい人もいるだろう。しかし、あなたはそうではない。そういうタイプの人間ならば、本書など読んでいない。

ボケッと虚しく漂って生きることができる一種の鈍感力に恵まれていないあなたは、この老年期こそ本気を出してください。最後の本気を。

まずは、日本の現代と近未来における高齢者をめぐる状況の困難さを確認しよう。

長期的に見れば老年期はより充実したものになる

老年期というのは、肉体的諸条件がすべて劣化する時期だ。歯は悪くなるし、目は見えなくなるし、滑らかにサッササと歩けなくなるし、顔は皺ばかりになる。気力体力すべてが衰える。

中年期編で言及した『第二の性』の著者のシモーヌ・ド・ボーヴォワールは、一九七〇年に『老い』上下巻（朝吹三吉訳、人文書院、新装版、二〇一三年）を発表した。この大著において、ボーヴォワールは加齢の生物学的意味を論じ、未開時代から現代にわたる歴史の諸段階における老人の境遇や生活状況を膨大な文献から明らかにした。

さらに、個別の作家や哲学者の老後の様相を紹介することによって、老年期が、いかに対処の困難なものであるかを赤裸々に論じた。

そして、『老い』の最後において、まずは老人たちの経済的苦境を救済すべきであると提言した。ボーヴォワールは、公的年金制度が十分ではない時代に生きていたので、それを提言した。

ボーヴォワールが描く老いの姿は、孤独と貧困の中にあり暗いものだった。

一九九〇年代になると、知識人によって提示される老いの姿が変わってきた。

アメリカのフェミニストで『新しい女性の創造』（三浦冨美子訳、大和書房、二〇〇四年）で有名になったベティ・フリーダンは、一九九三年に『老いの泉』上下巻（山本博子・寺澤恵美子訳、西村書店、一九九五年）を発表した。

そこでは、老年期になって才能を大きく開花させた人々や各種の政治社会運動を牽引した人々の実例が紹介されていた。

一九九〇年代あたりから、老年学（Gerontology）は、老齢になったら、あらゆる能力が劣るというのは一種の神話であると主張するようになった。

その日本における成果のひとつが、安川悦子と竹島《たけしま》伸生《のぶお》の『「高齢者神話」の打破――現代エイジング研究の射程』（御茶の水書房、二〇〇二年）だ。この本に紹介されているデータは、各種の能力は老年期になってもそんなに低下しないことを明示している。

これらの新しい老人像が生まれた背景には、第二次世界大戦後の生活環境の著しい改善のために、老化の速度が全般的に緩やかになったことがあげられる。

公的年金制度の充実により、老人が経済的に自立できる条件が整えられたということがまず最も重要なことだ。

さらに、平均寿命が延びたことも大きい。日本においては、国民皆保険制度のおかげで、医学の発展の成果を国民が格安で享受できるようになった。

未来には、前もって発症しやすい病気を遺伝子分析により知り、対策を立てる医療が実現しそうだ。機能不全になった患者の臓器を、患者自身の細胞から再現する技術も実用化されそうだ。

つまり、五〇年以上の未来の日本人の老年期は、日本の歴史始まって以来というほど恵まれたものになる可能性がある。

ただし、日本の現代と近未来は、はっきりと「老人受難時代」である。

国民の三人にひとりが六五歳以上になる二〇二五年

日本の現代と近未来が老人受難時代である理由は主として八つある。

第一に、高齢者人口が多い。高齢者人口が多くなれば、高齢者の社会における居心地《いごこち》は悪くなる。高齢者人口が多くなれば、従来の敬老精神など社会から消える。何につけても数が多いと邪魔にされる。

数が多くなるとコストがかかる。公的医療保険にしろ、公的年金制度にしろ、地方自治体の公共交通機関の無料パスにしろ、高齢者優遇政策など採る余裕が財政的になくなる。

内閣府による平成三〇年（二〇一八年）版高齢社会白書によると、二〇一七年一〇月一日現在で、日本の総人口一億二六七一万人における六五歳以上人口は三五一五万人であり、その割合（高齢化率）は、二七・七％だ。

二〇一七年の推計によると、二〇二五年には、六五歳以上人口の割合は三〇％を迎えると予測されている。

二〇三五年には三二・八％だ。この時点で、国民の三人にひとりが六五歳以上になる。

二〇四〇年には、その割合は三五・三％だ。

二〇五〇年には、その割合は三七・七％だ。

二〇六五年には三八・四％に達する。国民二・六人にひとりが六五歳以上ということになる。これは、六五歳以上の者ひとりに対して、一五歳から六四才の者が一・三人になるという数字だ。

これは、あくまでも二〇一七年の「内閣府の統計」による推定だから、その信憑性《しんぴょうせい》は疑わしいかもしれない。最近の政府の統計は信用できないらしいので。

仮にこの内閣府の統計が正しいとしても、推定どおりには行かないのが現実だ。想定外のことが起き、高齢化の問題が解決される可能性もある。

たとえば、総人口の三〇％が六五歳以上になるであろう二〇二五年までに、自然災害によって高齢者人口の大量減少が起きるかもしれない。

伝染病が発生して、体力のない高齢者が犠牲になるかもしれない。

公的年金制度や公的医療保険制度の破綻により、高齢者の死亡率が急上昇するかもしれない。

また、前述のユヴァル・ノア・ハラリの『ホモ・デウス——テクノロジーとサピエンスの未来』が述べるように、科学や医学の発展により、人間のサイボーグ化が広まり、人間は永遠の若さを獲得するかもしれない。そうなれば、老人問題など消える。

ただし、この技術が実現したとしても、あなたが属する経済階層の人々が利用できるようになるには、まだまだ時間がかかるけれども。

何事も楽観は禁物だ。あなたは、高齢者が全く大事にされることのない時代に老人として生きることを覚悟しよう。高齢者にとって都合のいい政策が採られることが不可能な時代に老年期を生きることになることを覚悟しよう。

長い長い老年期

日本の現代と近未来が老人受難時代である理由の二番目は、老年期の長さだ。

二〇一七年に厚生労働省が発表した日本人の平均寿命は過去最高を更新して、男性は八一・〇九歳だ。女性は八七・二六歳だ。

日本人の平均寿命がなぜ延びているかというと、ガンの死亡率が下がっているからだ。今ではガンは不治の病ではなく、進行ガンでさえ生存率は上昇しつつある。心疾患《しんしっかん》や脳血管疾患の死亡率も改善されている。

問題は平均余命だ。六五歳の時点の平均余命は、男性は一九・五七歳であり、女性は二四・四三歳だ。最近は、九〇歳を超えた老人など珍しくない。

一〇〇歳以上の高齢者数は、二〇一八年において約七万人だ。老人福祉法が制定された一九六三年には一五三人でしかなかったのに。しかも、一〇〇歳以上の高齢者の八八・一%が女性だ。

つまり、運が悪ければ、あなたは六五歳以降三五年以上も生きることになりかねない。三五年だ。三五年！

だから、あなたは、中年期が終わった今、これから老いて生きることになる二〇年間から三五年間以上を、どう生きるか真剣に考えなければならない。

青春期や中年期はすべきことがいっぱいあった。職業を得て経済的に自立すること、職業生活の維持、人によっては結婚出産育児に、介護にも従事しなければならなかった。老年期になったら、青春期や中年期の苦闘の果実として、のんびり過ごしたいとあなたは思っていたかもしれない。残念ながら、あなたの老年期は、青春期や中年期以上に大変になるだろう。

しかたない。体力気力さまざまにじわじわと衰退が進行する中で、二〇年間から三五年間以上を生きなければならないのだから。

長い老年期の年月は、テレビを見て過ごすには長過ぎる。無為に過ごすには長過ぎる。子どもや孫に囲まれ守られる老後にしても長過ぎる。

子世代は労働に多忙だ。労働に多忙でない子ならば、老いた親の年金や資産にたかろうとする。孫はといえば、すぐに成長し祖父母に関心を失くす。あたりまえだ。

国立精神・神経センター精神保健研究所によると、二〇〇五年の自殺者の約四〇％は高齢者であった。自殺者の多くは家族と同居していた。

一方、単身生活の高齢者の自殺者は高齢自殺者の五%以下でしかない。家族と同居している老人ほど自殺するのだ。

高齢者の自殺原因は健康上の問題によるうつ病状態が多い。その中でも、医学の発展や、延命治療のために、なかなか死ねなくなった高齢者が、看護や介護によって家族に迷惑をかけるのが苦しいという理由で自殺する。

反対に、高齢者本人は延命治療を受けずに静かに生を終えたいが、子や孫が高齢者の年金収入に依存しているので、延命を望むという例もある。

子が老親の介護を高齢者施設に託す場合は、身元引受人の子どものほうが早く亡くなることも多くなる。なぜならば、このような施設では、栄養管理や服薬管理や温度管理が徹底しているので、入居者の高齢者は長生きをしてしまうから。

新郷由起《しんごうゆき》の『絶望老人』(宝島社、二〇一七年)の第六章には、「生き続ける月日と幸せの量が必ずしも一致しないような」高齢者の実例が紹介されている。

年金財政破綻への不安

日本の現代と近未来が老人受難時代である理由の三番目は、年金財政破綻への不安だ。二〇一九年七月五日号の『週刊ポスト』によると、年金減額の理由の大きなひとつは、政治家や年金官僚による年金原資の流用だ。

たとえば、厚生年金会館や厚生年金休暇センター（ウェルサンピア）を全国各地に建て、厚生省の天下り官僚に財団を作らせ運営させたこと。「厚生年金事業振興団」というやつだ。

次は年金保養地グリーンピア事業。年金官僚は「年金福祉事業団」を作り、天下り先をさらに確保した。前述のようにこれらの施設は赤字続きで、やむなく非常な安値で売却されたのは周知の事実だ。

年金官僚たちは年金財源を事務費に使うことができるように法律を変えた。年金原資を、彼らは社会保険庁の交際費や公用車や、職員の海外出張費に職員用宿舎の建設に使った。社会保険庁職員専用のゴルフ練習所建設やテニスコート建設にも使用した。

さらに、厚生労働省所管の年金積立金管理運用独立行政法人（ＧＰＩＦ）は、会計監査院から警告を受けるほど危なっかしい運用をしている。二〇一八年度の一〇月から一二月の四半期ベースにおいて、ＧＰＩＦは年金原資の運用に失敗し、約一四兆八千億円の赤字を出している。

もっと長期間ベースで見ると運用は成功しているので、当座は心配ない。しかし、年金原資を外資のファンド会社に任せるような一種のギャンブルをしていていいのだろうか。

現在の日本の年金財政の悪化の原因は、政治家や年金官僚の流用（公金横領）だけではない。

何よりも高齢化社会が来ることは、かなり前から予想がついていたのに、それに対処するために年金制度改革をしなかったのは政府の失策だ。

自民党選出の衆議院議員の河野太郎は自らの公式ブログの二〇一二年一月九日の記事で「もともと厚生年金は、積立方式として始められた。しかし、本来、積立方式ならば六七〇兆円の積立金がなければならないが、現在、一一〇兆円しか積立金がない。一九七〇年代からの年金支給の大判振る舞いと年金保険料引き上げの先送りが、年金財政を悪化させ、それが修正されないままに現在につながってきた」と書いている。

私は、「少子高齢化」という言葉も、政府の無策失策を糊塗《こと》するために作られ、メディアによって故意に広められた言葉だと思う。

この言葉は、まるで少子化の現象と高齢者人口の増加に直接の因果関係があるかのように聞こえる。

つまり高齢者が増えたから少子化になったのだと言わんばかりだ。高齢者人口の増大により医療費や社会福祉費や年金給付などが国家財政を圧迫し、日本が貧しくなったので、未来に希望が持てなくなり、若年層が子どもを産み育てることのリスクを考えて少子化になったと言わんばかりだ。

政府の年金制度に関する長い無策は、日本の若い人々の高齢者に対する八つ当たり的怒りを引き起こしている。世代間対立を引き起こしつつある。

これは、後に言及する高齢者をターゲットにした犯罪の増加を招いている一因だ。

病院が高齢者のセイフティネットではなくなった

日本の現代と近未来が老人受難時代である理由の四番目は、病院がいつまでも高齢者を入院させてくれなくなったことだ。

かつては、退院後に支援が必要だが、ひとり暮らしなので退院できない高齢者とか、家族がいても引き取らない高齢者が延々と入院している「社会的入院」というものが許された。

生活保護受給者の高齢者なら、医療費は無料だから、行き場のない病弱で貧しい高齢者にとっては、病院はセイフティネットだった。

しかし二〇〇〇年度に「入院基本料」が改定された。国家財政を圧迫する医療費削減のためだ。

入院基本料は、病院が患者に提供する入院医療サービスへの基本的な対価だ。それは、ほとんどが国民健康保険から病院に支払われる。治療費の三割は患者負担で、七五歳からは一割負担になるが、国民健康保険からどのように支払われるかで、病院の利益は決まる。

専門的なことは省くと、要するに九〇日以上入院させると、国民健康保険料から支払われる患者ひとりあたりの入院基本料（検査代も薬品代も含めて）が安くなり、一日につき九二八〇円になる。この金額の中から、病院は検査代も薬品代も人件費も出さなければならない。九〇日以上も入院している患者が増えれば、病院は確実に赤字になる。

看護師一名に対する患者の数が少ない病院ほど、つまり良心的で高ランクの病院ほど、国民健康保険料から支払われる入院基本料は高い。その代わりに、決められている平均在院日数は短い。つまり、高ランクの病院ほど、患者に早く退院してもらわないと経営が成立しないのだ。

だから、厚生労働省の二〇一六年の調査によると、一般病床での退院までの日数は全国平均一六・二日だ。二週間も過ぎたら、退院を要求されるということだ。

入院期間に制限のない「療養病棟」というものもある。ここでも原則としては三ヶ月から六ヶ月しか入院できないことが多い。

「回復期リハビリテーション病棟」の入院期間の上限は一八〇日だ。「地域包括ケア病棟」の入院期間は原則として六〇日だ。「老人介護保健施設」も原則三ヶ月までの利用しか認めていない。

だから、老いて病気になったら、病院で死ぬまでお世話になればいいのだ、気楽なもんだと、あなたが思ったとしたら、それは大間違いだ。

病院も経営だ。老衰で自然に死にたいという患者の希望など聞いていられない。老衰や病気で身体機能が落ちると、食べることができなくなるなら枯れるように亡くなるはずだが、病院は、そんなことはさせてくれない。

点滴や胃ろう（腹壁切開して胃内に管を通す人工的水分栄養補給法）などの経管栄養を施し、人工呼吸器をつけて延命を図る。栄養を受け付けない身体に無理に栄養を送り込む。患者の身体はむくんでしまう。しかし、そのような「治療」を施さなければ、病院の利益にならない。

もちろん、安楽死処置など病院はしてくれない。安楽死処置は、今の日本では犯罪になる。

このあたりのことをもっと知りたい方は、たくきよしみつの『医者には絶対書けない幸せな死に方』（講談社+α新書、二〇一八年）を読んでください。

ともかく、高齢者の死を看取ることは、病院の仕事にするには利益が薄過ぎるのだ。

現代と近未来の日本における高齢者は、死を前にして退院を迫られる。入院初期の段階から転院先を探し転々とするか、どんなに不安があっても自宅療養をするしかない。

ただし保険適用外の自由診療の病院ならば、いつまでも入院できる。しかし、あいにくあなたは貧乏で、自分の死に場所を確保するために使えるカネがない。

高齢者をターゲットにした犯罪の跋扈《ばっこ》

日本の現代と近未来が老人受難時代である理由の五番目は、高齢者をターゲットにした犯罪の増加である。

模造品の宝石を売りつけたり、シロアリ対策工事やリフォーム工事などを高額で請け負ったりする訪問販売詐欺は、バブルを経て不況に突入した一九九〇年代あたりから発生し、今も健在（？）だ。

訪問販売詐欺以外に投資詐欺も高齢者の資産狙いだ。前述の新郷由起の『絶望老人』の第一章は、老後資金を狙う詐欺の実例をいくつか紹介している。

長年利用してきた銀行の懇意であった行員がリストラにあったらしく投資話を持ってきて懇願したので、情にほだされてなけなしの二八〇〇万円を渡したら、たちまち詐取《さしゅ》された八一歳の女性。

出会い系サイトで知り合った未知の女性（のふりをした詐欺師）の（架空の）相談に数千円単位の電子マネーで支払う有料メイルで応えていたら、気がついたら一千万円も支払っていた七七歳の男性。

高齢者の善意につけ込む詐欺師もいれば、高齢者の子どもや孫への愛情につけ込む詐欺師もいる。いわゆる「オレオレ詐欺」だ。

高齢者や高齢者予備軍は鈴木大介の『老人喰い――高齢者を狙う詐欺の正体』（ちくま新書、二〇一五年）を是非とも読んでおくべきだ、特殊詐欺のシステムが非常に具体的に説明紹介されている。

詐欺師たちは、まず「情報強化名簿」を作成する。最初に高額商品購買者名簿や、退職公務員名簿や、医学部卒業者名簿などを入手する。

それから警察や役所などの公的機関の調査と称して、名簿に掲載されているひとりひとりに電話する。巧みに家族構成や家族の氏名年齢や勤務先や職位や資産状況のあらましを聞き出す。その情報を入れ込んだ名簿が情報強化名簿だ。

その情報強化名簿を入手した金主《きんしゅ》と呼ばれる出資者が、事務所賃貸料や光熱費や携帯電話費用を請け負い、電話で高齢者を騙す詐欺師たちを雇う。詐欺が成功した場合は、詐取した金の半分は金主が受け取り、あと半分を実働部隊《じつどうぶたい》の詐欺師たちが受け取る。

彼らから電話をかけられた高齢者は、これは「オレオレ詐欺」だと感じても、子や孫の名前や勤務先まで知られているのだから自分が金を渡さなければ、子や孫に危害が加えられるかもしれないと危惧する。だから金を渡す。そのあたりも、詐欺師たちは先刻《せんこく》承知している。

この特殊詐欺において逮捕されるのは金を受け取る役割を担う末端の人間だけだ。彼らは電話をかけて高齢者を騙す要員や、詐欺電話事務所の責任者と接点はない。出資者である金主とは、さらに接点がない。だから、この種の詐欺師たちが一網打尽《いちもうだじん》に逮捕されることは、まずない。

また、世の中のビジネスはほとんど詐欺で成立しているとも言えるので、詐欺師たちに罪悪感はない。富の再分配ぐらいに考えている。

高齢者の預金から平均二〇〇万円を詐取することは貧しい彼らにとって正当なことなのだ。詐取した金の一〇％は、直接に電話した詐欺師の収入になる。

彼らの中には、目標額を貯めたら引退し、自分で事業を始める者もいる。詐欺師たちの訓練は非常に過酷であり、その訓練を勝ち抜いてきた彼らは、犯罪に加担しているという点をのぞけば、人間個人としては非常に優秀で有能なのだ。

このような実に用意周到な仕組みと訓練された人材（？）を持つ特殊詐欺は、これからも発展拡大し、手口はより巧妙になり、撲滅《ぼくめつ》されることはないだろうと著者の鈴木氏は述べている。

日本の現代と近未来の高齢者は、より巧妙になる特殊犯罪のカモになり続けていくのは必至だ。

二〇一八年の特殊詐欺被害額は三五六億円だが、これは警察に被害届が出たものの額だ。実際の被害額はもっと大きいだろう。詐欺は、被害者が恥ずかしい類の犯罪なので黙っている人々も多い。

二〇一九年七月現在の最新の特殊詐欺情報は、『お金と命を守る！　特殊詐欺撃退』（宝島社、二〇一九年）というムック本に詳しいので、参考にしよう。

実は、高齢者にとっては、もっと危険な詐欺師まがいの人々がいる。それは「身内」だ。実の子どもや孫だ。子どもがいない場合は姪や甥だ。彼らは、情に訴え、拝み倒して、貴重な老後資金を高齢者から借りるが、一切返金しない。あろうことか音信不通になる。金の切れ目が縁の切れ目になる。

親や祖父母の老後資金を詐取はしないが、生活費は親や祖父母の年金頼りの「引きこもり」というのも、年金詐取のうちにはいるのではないか。

このような高齢者をめぐる詐欺がはびこるのは、倫理観や社会的規範が崩れた現代という時代の病理だろうか。

私は、そうではないと思う。いつの時代にも詐欺はあり、騙される人々はおびただしくいたにちがいない。身内から金を騙し取られ、他人からはまがいものを売りつけられた老人は、昔も少なからずいたにちがいない。

現代は高齢者人口が増えている。その高齢者の生存期間は長く、たまたまその高齢者たちは高度成長期に資産形成できた世代だ。その世代の人々が経済不況が長引き若年層の収入が落ちてしまった時期に老年期を迎えた。それらの条件が重なり、高齢者が詐欺師のターゲットになりやすくなった。

また、そうした事件が、メディアの発達により、広く報道され可視化されるようになった。だから、高齢者をめぐる犯罪が大いに認識されるようになった。

いつの時代にも高齢者は危険にさらされやすかった。ヨーロッパの昔話の「ヘンゼルとグレーテル」の原話は、お菓子の家を見つけた子どもたちの話ではなかったそうだ。親から森に捨てられた子どもたちが、老人を襲い奪った金品《きんぴん》を持って帰宅したら、親に受け入れられたという実話が元だそうだ。

青春期や中年期と同じく、老年期もまた危機に満ちている。現代と近未来に老年期を迎えるあなたは、高齢者をターゲットにした犯罪の被害者になりかねない危険と共に生きることになる。

詐欺ならばまだましだ。命は取られないから。高齢者は、窃盗や強盗や強盗殺人の被害者にもなりやすい。

老いてまで、そんな心配をしないといけないのかと嘆く必要はない。人間は死ぬまで油断はできない。それは生き物として、あたりまえのことだ。ユートピアではないこの世界に生きている限り、一〇〇パーセントの安全はない。リスクと共に生きていくのが人間存在だ。

高齢者のモデルがいない

日本の現代と近未来が老人受難時代である理由の六番目として、長い老年期を生きるためのモデルがないことが挙げられる。

たとえば、日本の現代と近未来の高齢者は犯罪の犠牲者になりやすいと聞くと、あなたが大きな不安と恐怖を感じるのはなぜか。それは、前提として、あなたが無自覚に心に抱いている老人像が犯罪に晒されやすい人間のイメージと合致《がっち》していないからだ。
実際のところは、老人は、「長年生きてきた末に知識も洞察力も豊かになった知恵が深い成熟した人物」でもないし、「自分が育てた子どもや、子どもの家族に保護され尊敬される人物」でもない。

現代や近未来の日本の老人は豊かな時代の日本に生まれ育ってきた。太平洋戦争の敗戦を経て価値観が激変し、ついには無規範や無節操がはびこる社会の中で生きてきた。実際のところ、厳しく自分を律することがなくても、生きてこられた。

人間は突然に老人になるのではない。青春期や中年期の積み重ねの結果が老年期に顕《けん》現《げん》する。老人になったからといって急に円熟し、知恵や愛情の豊かな、若い人々を温かく見守る賢者になれるわけではない。

敗戦後の日本は、アメリカ文化の影響を受け、青春や若さを賛美称揚《しょうよう》する精神風土を作り上げてきた。私自身は、男性高齢者がジーンズを穿き、女性高齢者が厚化粧をしていることは、みっともないと感じてしまう。もちろん、この私の感覚は旧弊《きゅうへい》な時代遅れのものと批判されるにちがいない。

いつまでも若いこと、若々しくあること、スーパー老人であることが求められる精神風土の中では、加齢を直視し加齢そのものを生き抜く老人像が模索《もさく》されるはずがない。

かくして、日本の現代と近未来の高齢者は、「高齢者はかくあるべし」という規範やモデルを知らずに、老年期を迎えることになる。

また、後に詳しく言及されるが、家族の崩壊や、多世代同居家族の減少や、非婚化により、老人の独居世帯が増えている。つまり、家族や身内の存在が、老人の暴走の抑止機能を果たせなくなっている。

規範が崩れ老年期の生き方モデルがない時代に生きてきたので老年期を賢明に生き抜くための準備や心的態度について考えることもなく、家族などの支援もないままに老いを迎えた現代の高齢者たち。

その結果が、高齢者による犯罪の増加だ。高齢者は犯罪の被害者にもなっているが、加害者にもなっている。たとえば、新郷由起の『老人たちの裏社会』（宝島社、二〇一五年）は、昨今の高齢者による万引きや窃盗や詐欺や、ストーカー行為や暴行や家庭内暴力や老女の売春の実例を紹介している。「今までにしていないことは恋愛だ」という理由で、若い女性につきまとう男性高齢者の例など、実におぞましい。

余命が延び、男女共に六五歳以降に生きる時間が二〇年もあるのならば、人によっては三五年以上もあるのならば、自分が老年期をいかに生きるのかについて、真剣に考えたほうがいい。

老年期の生き方モデルがないのならば、あなたが自分でモデルを考え、そのモデルを生きるべきだ。あなたがモデルになるべきだ。

現代と近未来の老年期は、人跡未踏《じんせきみとう》の地だ。あなたの前に道はなく、あなたの後に道ができる。

高齢者差別社会

日本の現代と近未来は老人受難時代と私が書いた理由の七番目として、高齢者差別が蔓延《まんえん》している世相の問題が挙げられる。

和田秀樹は『「高齢者差別」この愚かな社会』（詩想社新書、二〇一七年）において、現代の日本における高齢者差別の例をいくつも示している。

たとえば高齢ドライバーによる事故よりも、一〇代や二〇代のドライバーによる事故のほうが、実際は数が多い。しかし、高齢者による事故ばかりが報道される。

「老害」という言葉で、老いれば誰もが害を及ぼすような意味の表現がされる。しかし、若い頃から迷惑行為を繰り返す人物が老いて「老害」になるのであって、それと高齢とは実際は関係がない。

医療現場でも老人の治療はおざなりにされやすい。高齢者が病状を訴えても、「老化なのだからしかたない」と医師にあしらわれる。

待機児童四万五千人の保育園不足はメディアも騒ぐが、待機者五二万人の特別養護老人ホームの不足については無視される。

たとえば、少子高齢化社会による医療費や社会福祉費が国家財政を圧迫しているから、年金は減額し、消費税を上げないと財政破綻すると言うような為政者や官僚の答弁。それを真に受ける国民。

現代の日本には、社会問題の多くの原因を高齢化社会のせいにして、高齢者を忌み嫌う傾向が強くなっている。

子どもや若者が集まっているとほほえましいが、老人が集まっていると煩わしく感じるというのは、若い頃の私にも経験がある。

老年期を迎えるあなたは、このような高齢者差別がまかりとおる社会を生きていかなくてはならないのだ。

高齢者が高齢者を差別する

日本の現代と近未来は老人受難時代になると私が書いた理由の八番目として、高齢者自身が高齢者を差別する問題がある。

これも前述の和田秀樹の『「高齢者差別」この愚かな社会』が指摘することだが、高齢者は自分が老いることを直視できないので、ほかの高齢者の老いや病気を必要以上に嫌悪するし、恐怖する。

たとえば、「認知症になるくらいなら死んだほうがまし」とか「認知症になるまえに安楽死させてもらいたい」とか声に出す高齢者は少なくない。

これは認知症という病気について無知だからこそ気楽に言えることだ。認知症が発症したからといって、急に言動が混乱状態になるわけでもなく、意志の疎通ができなくなるわけでもない。症状は段階をたどる。進行の速度を緩める薬品も開発されている。

運動能力が衰えて寝たきりになり介護者が必要になった老人について、「生きていてもしかたないのにかわいそう」と言うのも、無知の産物だ。

寝たきりで動けなくても日々の移ろいを愉しむ老人はいる。生きていることの喜びを感じる老人もいる。介護者との時間をいとおしんでいる老人もいる。

高齢者による高齢者差別というのは、ほとんどが、老いることへの不安や恐怖から生じている。無知だから不安になり恐れる。

あなたは、自分が老いることへの恐怖を超えるためにも、老いの実態について知識を持っていたほうがいい。高齢者の生活とか加齢による病気の様相とか、高齢者の生活を支える公的支援や医療について、もっともっと学ぼう。

事実に基づいて日本の高齢者の今をめぐる問題を概観するためには、朝日新聞迫る二〇二五ショック取材班『日本で老いて死ぬということ――2025年、老人「医療・介護」崩壊で何が起こるか』(朝日新聞社、二〇一六年)を読むといい。非常に読み応《ごた》えがある優《すぐ》れたレポートだ。

ともかく、高齢者人口の増加、長い長い長い老年期、年金制度破綻への不安、病院で静かに死なせてはもらえないこと、高齢者を標的にした犯罪の跋扈、高齢者の生きかたモデルの喪失、高齢者差別の風潮、高齢者による高齢者差別など、以上の八つの問題が、あなたの老年期をハードなものにする。

しかし、ブスで馬鹿で貧乏な青春期と中年期を生き抜いてきたあなたならば、困難な老年期を必ず生き抜いていくことができる。次のセクションでは、それについて確認しよう。

3・2 馬鹿ブス貧乏女の強みが発揮される老年期

徒手空拳《としゅくうけん》に慣れている

老年期という時期は、それまで持っていたものが消えていく時期だ。職や地位や肩書きも消える。賃金労働をする体力は消える。気力も健康も消える。記憶力も劣化する。生きているだけで精一杯になる。疲労困憊《こんぱい》状態がデフォルトになる。

もちろん老化にも個人差がある。前期高齢者の六五歳になったら早々と無気力にテレビを眺めているだけの人もいる。一方では、退職を控えた六〇代前半からパソコンを始め、コンピューータープログラミングを学び、八一歳で新しいゲームアプリ「hinadan」を開発し、アメリカのアップルによる世界開発者会議「ＷＷＤＣ２０１７」に特別招待された若宮正子《わかみやまさこ》氏のような方もいる。若宮氏は一九三五年生まれだ。

若宮氏の『60歳を過ぎると、人生はどんどんおもしろくなります。』(新潮社、二〇一七年)は、いまや、老年期を迎える女性たちのバイブルとなっている。

とはいえ、あなたは若宮氏と自分を比較してはいけない。あなたの場合は、そもそもが持つものが圧倒的に少なく人生を始めた。青春期、中年期と、あなたなりに悪戦苦闘したが、所有できたものは慎《つつ》ましかった。人生の果実など、ほとんど手に入らなかった。生き延びてくるだけで精一杯だった。

記憶力など若い頃からお粗末《そまつ》だったので、老いてからの記憶力の減退に寂しい思いもしないくらいだ。あなたにとっては、老年期になっても失うものがあまりない。

すなわち、完全な徒手空拳であるところの死に向かう緩慢なプロセスである老年期を、あなたの場合は、比較的平静に冷静に過ごすことができる。老人性うつ病に苦しむこともない。うつ病で自殺するなら、とっくの昔に自殺している。

負け惜しみでなく、恃《たの》むものなく生きてきた人間の強みというものがある。その強さが地味ながらも大いに発揮できるのが、あなたの老年期だ。

貧乏を怖がらない

「徒手空拳」な状態とは、もっとあからさまに言えば貧乏であるということだ。現代の日本人が恐れていることは、地震でも戦争でも国家財政破綻でもなく、ズバリ老後だ。より具体的に言えば、老後の貧乏だ。

ツイッターなどのＳＮＳの投稿を読んでいると、若い人々の老後への不安が透けて見える。自分たちの給与からは問答無用で源泉徴収で差っぴかれている年金の掛け金は、今の老人の生活を支える年金に使用されていることへの呪詛《じゅそ》は大きい。

今の老人はいいが、自分たちが老いたときには年金給付が不可能になっているのではないか？　六〇歳だった年金給付開始年齢が六五歳に延期されたように、将来は七〇歳に延期されるらしい。それどころか、なんと八〇歳まで延期されるらしいではないか？　近いうちに日本の年金制度は破綻するのではないか？　などと、若い人々が不安がるのも無理はない。

確かに政府の年金制度設計と運用については見通しが甘かった。前述したように、旧厚生省の年金官僚たちは年金原資を流用した。

旧厚生省の年金官僚の不祥事ばかりでなく、最近は中央官庁の官僚の不祥事が多く報道されている。

かくして「日本の政治家は駄目でも、日本の官僚は優秀だ」神話は崩れた。国民の間に残るのは、「いったい日本はどうなるのだろう」という不安だ。

その国民の不安につけこんで、資産形成や資産防衛の方法をあれこれ伝授する書籍はおびただしく出版されている。長い不況下で、年金も当てにならない、国家財政破綻もあるかもしれないし、預金封鎖もあるかもしれない。では、どうするか?

一方、日本の国家財政が破綻することを予想する議論を笑い飛ばし、日本の財政再建シナリオを提示する識者もいる。

中野剛志《なかのたけし》の『目からウロコが落ちる　奇跡の経済教室【基礎知識編】』(KKベストセラーズ、二〇一九年)と『全国民が読んだら歴史が変わる　奇跡の経済教室【戦略編】』(KKベストセラーズ、二〇一九年)を読んでみてください。非常にわかりやすく経済の問題を教えてくれる。

高橋洋一の『日本の「老後」の正体』(幻冬舎新書、二〇一九年)も読んでみてください。中野氏の見解を補強してくれる。

「国家の財政と個人や家庭の家計とは違うのだし、国家には通貨発行権がある。だから、国家財政が破綻するかもしれないから公共事業は控えよう、緊縮財政で行くしかない、消費税は上げるしかないという現財務省の方針が日本の経済成長を阻害している」という中野氏や高橋氏の説は説得力がある。

しかし、私は根っからの経済金融オンチなので、日本の国家財政を考えるにあたって、財政破綻説が正しいのか、財政破綻はありえない説が正しいのかわからない。

どっちみち、馬鹿で貧乏な私にとっては、少額といえども死ぬまで自分に年金が給付され、少ない貯金の範囲内で暮らせればそれでいい。資産防衛など関係ない。国家財政破綻に備えて資産を海外逃避させるとか、遠い世界の出来事だ。

それは、あなたも同じことでしょう。あなたは財テクできるセンスも知識も能力もないという自覚があるから、老いて投資に手を出すこともない。あなたは、自分の能力に対する過剰な自信は持たずに生きてきた。

いわば、あなたは自分が泳げないと知っているので、泳がなかったので、溺れずにすんできた。その用心深さで老年期も生きればいいだけだ。

少ない貯金でさえないので、年金がなければ暮らせそうにもないとあなたが不安を抱えているのならば、高橋洋一の『「年金問題」は嘘ばかり　ダマされて損をしないための必須知識』（ＰＨＰ新書、二〇一七年）を読んでみてください。そんなに簡単に年金制度が壊れるはずがないこともわかるでしょう。

荻原博子の『年金だけでも暮らせます　決定版・老後資産の守り方』（ＰＨＰ新書、二〇一九年）なども読んでみてください。

家計再生コンサルタントの横山光昭の『実はそんなに怖くない！　ラクラク年金生活入門』（ディスカヴァー・トゥエンティワン、二〇一六年）も有益だ。公的サービスを使いこなす具体例なども教えてくれる。

老後の貧乏を怖がり、その恐怖で無駄に消耗していないで情報を求めよう。

では、万が一、年金制度が破綻し、預金が封鎖されて円が切り下げになり、預金のかなりが国家に没収《ぼっしゅう》されるという事態になったとしたらどうか。

そうなっても、あなたはすでに老年期に入っている。老人にとっての恩寵は、近いうちに死ぬということだ。生き抜かなければいけない時間は少なく短い。長い老後ではあっても、若い人にとってよりは、終わりは見えている。

ならば特に恐れることなどない。死ぬまでの日々を食べて行ければいい。食べるといっても、歯も悪くなっている老人だから量は少なくてすむ。今更、質にもこだわらない。オーガニックだの添加物など、安全性になど気をつける必要もない。衰弱したら寝ていればいい。そのうち、もっと衰弱して死ぬ。

老後の貧乏に対して無駄に過剰に恐れないですむのも、もともとがブスで馬鹿で貧乏という持つものの少ない状態から人生を始め、やはり貧乏なまま老年期を迎えたあなたの強みだ。

老いればみなブスになる

二〇一八年に亡くなった名優の樹木希林さんは、二〇代の頃からお婆さん役を演じておられた。お若い頃の樹木さんは、「面白いけれどもブス」というイメージだった。

しかし、年齢を重ねるにつれて、ブスに見える度合が低くなった。ついには風格のある老女となり、最晩年にはブス風味が完全に払拭《ふっしょく》され、スタイリッシュでさえあった。

女優さんでなくても、このような事例は少なくない。私の親族でも、中年期までは不細工さが目立ったのに、老いてからは品良く綺麗にさえ見えるようになった女性がいる。

反対に、いつまでも髪を黒々と染め、皺の寄った荒れた肌の上に化粧品を塗り重ねている元美女もいる。

かつては美貌を誇った女優やタレントが晩年になってテレビに登場すると、ギョッとすることがある。美貌を保つための美容整形手術の失敗のサンプルであるような事例も見る。

老いれば、公平にみながブスになる。最初からブスであったあなたは、同世代の周囲がブスになっていく状況にあっても、落差が小さい。結果としてブス度が低く見えるようになる。

ここまで生き延びてきてよかったですね。ブスであるあなたは、若い頃からブス度を下げる工夫は常にしてきた。「綺麗になる」のではなく、「綺麗に見せる」のではなく、「見にくくはないように」努力してきた。他人の目で自分を眺めることができるように訓練してきた。

「綺麗になる、綺麗に見せる」のは、何かを加えることだが、「見にくく（醜く）ないようにする」のは、過剰で重くてスッキリしないものを削ぎ落とすことだ。その努力を継続しよう。

ミステリーゾーンを進むのは慣れている

ブス馬鹿貧乏のあなたは、情報弱者でもあった。たとえば旅行に行くとしても、前もって地図を広げて検討するとか、シミュレーションするとかいうことも頭に浮かばなかった。何をするにしても、些細なことでさえ、手探りの体当たりのガムシャラな大冒険になるしかなかった。

頭のいい女性ならば、目標を明確に把握し、熟慮し、優先順位をつけ、合理的に行動し、目的地への最短距離を測ることができる。

しかし、あなたは馬鹿なので、思考力もなく、ついつい寄り道したり、目標を見失ったり、途中で引き返したりしてきた。非常に効率の悪い人生を歩いてきた。

あなたのその馬鹿さ加減こそ、老年期という人跡未踏のミステリーゾーンを進むのに都合がいい。

たとえば、あなたは老年期に人間が具体的にどうなるか知っていますか？　知っているつもりで、知らないのではないでしょうか？

今の時代は、核家族が多いので、多くの若い人々は老人と同居したことがない。医療関係者や高齢者施設で働いてでもいない限り、日常生活の中で老人を大量に観察比較することもない。だから、自分自身の老いについてもリアルに想像できない。

私自身もそうだ。父方の祖父母は私が生まれる前に亡くなっている。母方の祖父母とは、たまにしか会ったことがなく、私が二〇代の頃に亡くなった。両親は六〇代半ばで亡くなっている。

私は、一九八〇年に結婚したが、夫の両親と同居しなかった。つまり、私は老人の生態について全く知らずに老年期に突入してしまった。

まさに、老年期というのは、私にとっては「ミステリーゾーン」だ。未知の世界は怖い。

しかし、私にとっては、青春期も中年期も怖いことだらけの大冒険だった。その大冒険の中で効率悪くもさまざまなことを学習した。私は、これからも馬鹿なまま、怖がりつつも、老年期というミステリーゾーンを歩いていく。私は、怖いという感情に耐えるのに慣れている。

アメリカの女性警官は、男性の警官と組んで街をパトロールすることを嫌う。男性は「恐怖慣れ」していないので、すぐに銃を撃つ傾向があるからだ。

女性警官は女性であるので恐怖というものに慣れている。夜道を歩くときは後ろから来る人の気配に注意する。アパートメントのドアを開けるときは周囲を気にする。女性の人生は恐怖がいっぱいだ。恐怖と不安に耐えながら生きるのが女性の人生だっ

同じく、ブスで馬鹿で貧乏なあなたにとっても、今までの人生は怖いことばかりだった。怖いということは人生そのものであると、あなたは知っている。う状態を必要以上に怖がらない。

大いに怖がって冒険しよう。老いというものが、どのような状態であるか、しっかり観察し味わおう。

あなたが、「もう私は老人だから新しいことを覚えるのは面倒だし、いやだわ」と思っても、世の中はどんどん変化している。その変化についていくのも大冒険だ。

若い人にとってはあたりまえの、コンビニでキャッシュレスで買い物する程度のことでさえ、あなたにとっては大冒険だ。不器用でも稚拙《ちせつ》でも不恰好でも、未知のことを経験するのは怖いと同時に面白いことだ。

ひとりでも寂しくない人間になる

前に私は日本人の老後に対する恐怖とは、老後の貧困に対する恐怖であると書いた。ほんとうは、もうひとつある。孤独に対する恐怖だ。

しかし、統計や調査は、日本人の老後が、ますますひとりになることを示している。松原惇子《まつばらじゅんこ》の『老後ひとりぼっち』（ＳＢ新書、二〇一六年）は、国立社会保障・人口問題研究所が二〇一四年に発表した世帯数の将来推計の数字を例に挙げて、二〇三五年には、全高齢者世帯の四四％が単身高齢者世帯になると述べている。

男女共に生涯未婚率も上昇している。離婚も増えている。ならば、近未来の日本には単身高齢者世帯が多くなる。

単身高齢者世帯が増えるのはそのせいだけではない。昔の老人と違って、現代の老人は無駄な我慢をしない。第二次世界大戦後の平和と繁栄の時代を生きてきた現代の老人は、私生活においても自由を謳歌《おうか》してきた。家庭においてもマイペースな気楽さを優先する。

だから夫婦の片方が亡くなったからといって、安易に子どもと同居しない。現在の前期高齢者の女性や、老人予備軍の女性は、「嫁に面倒をみてもらう」つもりはサラサラない。実の娘や息子と同居したい気持ちもない。世代が違う大人同士の同居には問題や葛藤《かっとう》がつきまとうことがわかっているから。

家族との同居にこだわるのは、団塊の世代より前の世代の老人たちだ。この世代は家族に対する依存心が強い。ニュー老人は、ひとりで暮らせるうちは、気ままにひとりで暮らすほうを選ぶ。

言うまでもなく子どものいない女性や、未婚女性や、子どもがいても遠く海外在住しているような女性は、老後のひとり暮らしについて選択の余地がない。夫婦の片方が亡くなる場合は、ほぼ夫のほうが先だ。

つまり単身高齢者世帯のかなりが女性のそれになる。

上野千鶴子の『おひとりさまの老後』（法研、二〇〇七年）によると、「二一世紀はおばあさんの世紀」だ。八〇歳以上になると、女性の八三％に配偶者がいない。女性は、結婚してもしなくても、みんな最後はひとりになる。子どもがいてもいなくても、ひとりになる。

だから、老年期の女性の充実した日々は、まずは孤独と仲良くつきあうことで決まる。

孤独とのつきあいに関しては、あなたは比較的うまくできる。あなたはブスで馬鹿で貧乏で低スペックであるがゆえに、他人から軽んじられることも少なくなかったし、それゆえに傷つきやすく、人間関係に期待するところが小さかった。

どちらかといえば、自分も含めて人間というのはろくでもないものであるという優れた見識を、あなたは持っている。

ついでにあなたは、ひとり遊びの方法をいくらでも知っている。現代はインターネットのようにひとり遊びの道具は発達している。インターネットを通じての薄い人間関係を楽しめるSNSもある。時代が、あなたの気質に好都合に変化してきた。

あとで詳しく述べるが、あなたがさらに学び続けることができれば、あなたの老年期は、地味ながらも充実した日々となる。

ところで、「ひとりでも寂しくない人間にならなければならない」と言ったのは、頭《とう》山満《やまみつる》だ。一八五五年に生まれ、一九四四年に亡くなっている。

頭山満は明治から戦前と大きな影響力があった玄洋社《げんようしゃ》という政治結社を設立した人物だ。「大アジア主義」を提唱して政治活動をした人物だ。

「大アジア主義」とは、具体的に言えば、西洋列強の手駒《てごま》にならないこと、自主的にアジア諸国と結びつくこと、アジア諸国の独立を支援することだ。

実際に、玄洋社は、朝鮮の改革運動家金玉均《キムオクキュン》や朴泳孝《パクヨンヒョ》を支援した。インドの独立運動家ラース・ビハーリー・ボースを庇護《ひご》した。アメリカと独立を賭けて戦うフィリピンのエミリオ・アギナルドへ武器と私兵を送ろうとした。アギナルドはフィリピン共和国の初代大統領になった人物だ。

玄洋社の海外工作を担う支社の黒龍会《こくりゅうかい》は、孫文らの辛亥革命を支援した。玄洋社の多くの社員（社中とも言う）は、中国で清朝政府軍や軍閥《ぐんばつ》政府軍と戦った。

明石元二郎《あかしもとじろう》も玄洋社の社員だった。明石は、日露戦争中、ロシア国内の政情不安を画策《かくさく》してロシアの戦争継続を困難にし、日本の勝利に大きく貢献した陸軍参謀だった。陸軍参謀本部参謀次長の長岡外史《ながおかがいし》は、「明石の活躍は陸軍一〇個師団に相当する」と評したほどだ。

また、ドイツ皇帝ヴィルヘルム二世は、「明石元二郎で、満州の日本軍二〇万人に匹敵する戦果を上げている」といって称えた。そんな人物を抱えていたのが玄洋社だった。

松下幸之助などの戦後の大企業人に大きく影響を与えた中村天風《なかむらてんぷう》も玄洋社の社員だっ

た。中村は、軍事探偵としてロシアに近い蒙古あたりで諜報活動をしていたらしい。

海千山千の国士《こくし》たちを束ね、彼らを自在に動かす活動資金をどこかから調達し、戦前の政界や財界や軍部に影響力をふるった頭山満が、常に人を動かし人に囲まれていたであろう頭山満が、「ひとりでも寂しくない人間にならなければならない」という言葉を残したのは不思議な気がする。

それほどに活動し、人々に囲まれていたに違いない頭山満も寂しかったのだろうか。

実は、それくらいに「ひとりでも寂しくない人間」でいることは難しいことなのだろう。

ちなみに、この頭山満の師匠《ししょう》は女性だった。男装の漢学者高場乱《たかばおさむ》だった。興味のある人は榊原千鶴の『烈女伝――勇気をくれる明治の８人』（三弥井書店、二〇一四年）を読んで下さい。

蛇足　私の「ひとりでも寂しくない人間でいる方法」

ご参考までに、私の孤独感からの回復法について書く。

まず周囲を見渡す。自宅ならば、ソファやデスクやテーブルや本棚。ベッドに、雨露をしのいでくれる窓や屋根。ひとつとして私が作ったものはない。すべて、ひと様が作ってくれたものだ。

水道もガスも電気も使える。トイレは水洗で、肛門洗浄装置が付いている。みな、私が生まれて育った日本という国の繁栄のおかげだ。

インターネットも使える。スマートフォンにタブレットにパソコン。その便利さに慣れてしまって、私は紙の雑誌の記事の写真が小さいと、無意識に人差し指と中指で写真を広げようとする。当然、写真は大きくならない。あ、これはタブレットではないと、やっと私は気がつく。

昔は、いつも書籍や辞書を入れていたので、私のバッグはかなり重かった。腰が痛くなるくらいだった。しかし、今は書籍も辞書も薄いタブレットやスマートフォンの中に収まっている。

みんなみんな私が作ったものは、ひとつもない。すべて、ひと様が発明してくれたものだ。

なのに、私はなにひとつこの世界に良きものをもたらさなかった。洗たくバサミひとつ作らなかった。生まれてから、ずっともらうばかりだった。

私は、なんという恩恵の中で生きてきたのだろうか。実に法外なほどに理不尽なほどに恵まれてきた。

そう思うと、私の孤独感は消える。自分がいかほどの恩寵の中で生きているのか、いかほどの他人の努力の上に生きてきたのか、あらためて意識すると、私の寂寥《せきりょう》は消える。

3・3 身体メンテナンス

問題は口腔と歩行

このセクションでは、身体的老化への対処について書く。

鈴木隆雄の『超高齢社会の基礎知識』（講談社現代新書、二〇一二年）によると、女性の高齢者の問題は、骨と筋肉の衰えによる歩行能力低下だ。それから排泄《はいせつ》障害と摂《せっ》食《しょく》障害だ。

排泄障害とはズバリ便秘だ。摂食障害とは、嚥下《えんげ》困難と口腔内機能の問題だ。若い人の過食症とか拒食症ではない。

これらの三問題が現象的に顕著になるのは七五才以降だが、その前哨戦は還暦前後にすでに始まる。

ということは、還暦前後と七五才になるまでの前段階の七〇歳までくらいの一〇年間に、本格的老化を迎える準備として、身体メンテナンスをしておかなければならない。

この還暦前後からの一〇年間の時期に自分の身体の総点検をしないと、七五歳以降が悲惨になる。この時期こそ、充実した老後を創るための最後の準備期間になる。

このセクションでは、一般的な老年期対策本に書いてあることではないことを書く。

からだは肛門から舌までの一本の管

一度、「舌はがし」とか「舌あげ」という言葉をインターネットで検索してみてください。もしくはYouTubeで検索してみてください。私のブログ「アイン・ランドには関係ない藤森かよこのBlog」（http://aynrandassociates.com）にも、舌はがしに関する記事は二〇近く載せている。

検索してみると、舌の位置を是正するためのセミナーがあちこちで開催されていることがわかるだろう。舌の位置を是正するための活動や研究会も、たびたび歯科医院や鍼灸院や整体院や助産院などで開催されている。

なぜ舌の位置を是正するセミナーが、歯科医院のみならず、鍼灸院や整体院や助産院でも実施されているのか？　舌の重要性に着目し、低位舌《ていいぜつ》を是正する「舌はがし」方法を考案し、その啓蒙活動を始めたのが、福岡市にある「七星スパルタ鍼灸院」(https://nanahoshi89.wixsite.com/nanahoshi-hp) の院長の平井幸祐《ひらいこうすけ》氏だからだ。

古武術家でもある平井氏は古武術の文献などから、古代から武術の鍛錬《たんれん》の基本は舌の位置であることを知った。ご自身の口腔内の問題が舌の位置から生じていることも知った。平井氏は、そこから独自の舌はがし研究を始めた。

平井氏の活動に触発された助産婦さんたちが、舌の位置に注目し、乳児が低位舌にならない授乳法を父母に教えるセミナーを開催するようになった。

布施英利《ふせひでと》著『人体　5億年の記憶――解剖学者・三木成夫《みきしげお》の世界』(海鳴社、二〇一七年）によると、「からだは一本の管《くだ》」だ。肛門と舌を結ぶ一本の管が人間の身体だ。この管がしっかり通っていることによって、内臓もあるべき位置に納まることができる。

しっかり管が通っているということは、どういうことか。舌が奥舌から先端まで上口《じょうこう》蓋《がい》にぴったりと密着して、舌が脳を支えるストッパーになっているということだ。

舌がきちんとストッパーになっていないと、内臓もあるべき位置に納まらず身体の不調の原因となる。胃下垂や便秘なども、低位舌による内臓の機能不全が原因で、ひき起こされる。

舌が奥舌から先端まで上口蓋にぴったりと密着していないと、口呼吸になりやすい。そうなると、口腔内にばい菌が入りやすく虫歯の原因になる。

舌が奥舌から先端まで上口蓋にぴったりと密着しない低位舌の状態になっていると、舌が歯を押して歯並びが悪くなる。

舌が奥舌から先端まで上口蓋にぴったりと密着していないと、歯の食いしばりが起きる。歯の食いしばりとは、上の歯と下の歯がぶつかることなので、長期間の間に歯の損傷が進行する。上の歯と下の歯は接してはいけないのだ。上下の歯が接しないようにするためには、舌が上がっていなくてはならない。

舌が上がっていないと、舌で食べ物を喉に送る嚥下《えんげ》機能が働かなくなる。年齢を重ねるにつれて、低位舌の弊害は大きくなる。

また、舌が歯に頻繁《ひんぱん》にあたると舌に傷がつき、炎症になり、口内炎になりやすい。舌《ぜつ》ガンになる可能性もある。

ところが、乳児段階の授乳法の間違いから、ほとんどの人間は低位舌で育ってしまう。長年の低位舌を是正し、口腔内で癒着している舌の裏側を指で押して低位舌を是正するのを「舌はがし」と呼ぶ。

その舌が、奥舌から先端まで上口蓋にぴったりと密着するように訓練することを「舌あげ」と呼ぶ。

大人が低位舌から舌をあげるのには時間がかかる。個人差があるが、普通は三年間くらいはかかる。若い人だと、もっと早くに舌があがるかもしれない。

私が、この「舌はがし」と「舌あげ」について知ったのは二〇一七年六月だった。しかし、二〇一九年七月現在になっても、私の舌はあがっていない。まだまだ奥舌から先端まで上口蓋にぴったりと密着していない。

この舌はがしと舌あげについて、NHKテレビで少しだけ紹介されたことがある。『アポロニア21』という歯科医専門雑誌の二〇一七年一一月号に「舌剝がしで呼吸、発語、摂食嚥下、姿勢を整える」という題目で紹介されたこともある。

舌はがしの紹介方法に関する動画の販売をしているウエッブサイト（http://www.

reservestock.jp/stores/index/1676）もある。

提唱者の平井幸祐氏は、舌はがしに関する著作を京都の銀河出版舎から出版する予定だ。

ともかく、まずあなたの歯と同時に舌の位置を確認しよう。質のいい歯科医を探そう。そのために参考になるのが、間臼みき（まうす・みき）の『歯科放浪記』（ほうけい出版、二〇一九年）だ。この本は、まだ紙媒体の本になっていない。ダウンロードしないと読めない電子ブックだ。「ほうけい出版」（http://houkeipub.booth.pm）で検索してください。そのサイトで販売している。

やっと信頼できる歯科医に遭遇し、自らも大いに勉強し、日本の歯科治療のみならず医療界の欺瞞や不備に、国民皆保険の問題に気がついた著者の悪戦苦闘の記録がすさまじく面白い。

いまどき歯をガリガリ削って何か詰物《つめもの》して虫歯治療したつもりの歯科医など論外だ。質のいい歯科医ならば、まず、あなたの舌の位置について指摘するに違いない。

舌の位置が口腔内の最重要問題であり、人間の健康の要《かなめ》であることへの認識は広がりつつある。口腔内の問題と内臓の健康が密接に関わっていることへの理解も、歯科と内科の連携が必要であることへの認識も、いずれ深まっていくだろう。

舌の重要性を知らずに老年期を迎えたあなたには、この舌はがしの励行《れいこう》を私は奨める。そうすれば、高齢期の嚥下障害は回避できる。

この舌の位置の改善は排泄障害にも効果がある。舌あげしたことで、頑固な便秘が改善された例は多い。

私の二〇歳ほど年下の友人は、舌はがしの励行により、週に一度しかなかった便通が日に数度もあるようになったと喜んでいた。

排泄障害には、便秘とは反対の現象の尿もれや便もれもある。低位舌を改善し、舌はがしを実践し舌あげができた友人によると、尿もれも改善されたそうだ。

便もれについては、女性同士でも、話題にするのははばかられるのか、改善例を耳にしたことはない。

しかし、人間の身体は、肛門から舌までの一本の管であるのならば、舌が上口蓋にぴたりと密着し脳を支えていれば、肛門を締《し》めようと意識しなくても、自然に肛門は閉《し》まっているはずで、便もれにも効果があるはずだ。

口腔内の問題が全身に関わることについては、清水英寿《しみずえいじゅ》の『実践「口腔内科」——口の中から体調不良の原因を探る！』（現代書林、二〇一四年）を読んで確認しよう。

歩行移動能力の保持

口腔内機能の改善の次は、骨と筋肉の老化による運動能力の低下予防だ。閉経以後の女性は、ホルモンの急激な減少により骨粗鬆症《こつそしょうしょう》が発生しやすくなる。骨や筋肉などの運動器の衰えが目立ち、歩行や移動が困難になる。

これが問題なのだ。男性だと血管の老化の抑制が課題になるが、女性の場合は、運動器の衰えによる歩行や移動の困難さが問題になる。そのために、女性のほうが、要介護状態になるリスクが非常に高い。

前述の鈴木隆雄の『超高齢社会の基礎知識』によると、生物としての人間の最大の特徴は直立二足歩行であり、「歩き移動してゆくこと」こそ人間の生である。歩くことと人生は結びついている（これは、あくまでも健常者の場合であって、身体障害者には、あてはまらない）。

つまり老年期に入った女性は、七五歳以降の本格的高齢期に備えて、歩ける能力の維持に関する努力を意識して始めなければならない。

つくづく思う。人間の身体も時計のようにオーバーホールできて、新品と同じ状態にできればいいいと。しかし、まだまだ今の科学技術では、人類のサイボーグ化は無理だ。二二世紀頃には、人類が無機物のサイボーグになるという意味での不老不死を実現しているかもしれないが、二一世紀のあなたの老年期は、身体のメンテナンスに留意するしかない。

私の場合は、すでに還暦あたりから右脚の不調のために外出時には、杖やノルディックウオーキングポールの使用が欠かせない。骨盤の歪みによる左右の脚の長さの差が三センチ以上ある。どうしても歩き方は歪《いびつ》になり疲れる。

対策として、膝上と膝下と足首の三箇所を幅五センチほどの芯のある布紐で縛って私は就寝する。そうすると、朝起きると、杖に頼らずとも歩けるし、杖なしで外出できる。股関節の転位が是正される。

人間は眠っているときに随分と身体が歪むらしいのだ。脚の三点を縛って就寝すると、股関節の転位を回避できるのだ。

この就寝方法を怠ると、てきめんに杖が必要になる。不思議だ。

デスクワークしたり食事で椅子に腰掛けるときにも、膝上を紐で縛るといい。新幹線の座席でも、膝上をしっかり縛って骨盤が歪まないようにする。

この方法は「礒谷《いそがい》力学療法」と呼ばれる、きちんとした整体の治療法だ。礒谷圭秀《いそがいけいしゅう》の『ひとりでできる礒谷療法――理にかなった整体』（たにぐち書店、二〇〇三年）に詳しく説明されているので、足腰に不調がある場合は、試してみるといい。

同じ著者で、『股関節の「内旋」が病気をつくりだす 40年来の腰痛 後縦靭帯骨化《こうじゅうじんたいこっか》症《しょう》 脳梗塞 変形性膝関節症 橋本病 前立腺がん』（現代書林、二〇一七年）もある。

東京の中野には、この「礒谷《いそがい》力学療法」の専門治療施設もある。


ところで、私は、高齢女性専用スポーツクラブに会員登録している。大の入院以後、このスポーツクラブに行くのを怠っている。そろそろ通うのを再開しなければならない。

このスポーツクラブに通ってくる女性たちの運動ぶりは、見ていて、どこか鬼気《きき》迫るものがある。普通のスポーツクラブの持つ空気とは違っている。

その高齢女性専用スポーツクラブにおいて、女性は自分自身のために運動していない。

家族のために運動している。歩行移動能力が衰えて寝たきりになれば、配偶者であれ子どもであれ家族に介護されることになる。家族の介護に限界が来れば、老人施設に入居するしかなくなる。そうなると、慣れ親しんだ自宅で暮らすことができなくなる。

その高齢女性専用スポーツクラブにみなぎる真摯な空気の背景には、女性たちが持つ家族への愛情や責任感と、自宅から引き離される恐怖がある。

ともかく、老年期に入った女性の身体的問題は、骨と筋肉の衰えによる歩行能力低下と、排泄障害（便秘に尿もれに便もれ）と、摂食障害（歯と嚥下困難）であることを忘れないでください。できれば、もう少し若い頃から用心しておくべきだろう。

3・4 勉強は死ぬまで死んでもする

学びなおし

あなたは馬鹿だから、老年期になったからといって、のんびりテレビを眺めるなんてことはできない。それは、頭のいい人がしていいことだ。あなたは馬鹿だから、老年期になっても知っていることは非常に少ない。というより何も知らないままだ。

読書量を減らすなどもってのほかだ。そんなことしていたら、自分を空っぽになるまで使い尽くせずに、消耗し尽くせずに無駄に長生きする。老年期になると、読書でさえ疲れる。読書にも体力が必要なのだ。

貧乏だから賃金労働をしたいと思っても、特にできることのないあなたにその機会はないかもしれない。だから、時間を活用し「学びなおし」をするのがいい。

何を学びなおすかといえば、小学校や中学校の理科や算数をやりなおす。あなたの「私は馬鹿」コンプレックスのかなりは、すでにして、小学校時代に算数も理科もよく理解できなかったということに端を発している。

勉強しなおし用教科書はいろいろいろいろいろ出版されている。小杉拓也の『小学校6年分の算数が教えられるほどよくわかる』（ベレ出版、二〇一六年）などどうだろうか。同じ著者で『中学校3年分の数学が教えられるほどよくわかる』（ベレ出版、二〇一八年）もある。

理科だと、森田和良《もりたかずよし》の『小学校理科の大事なところが7時間でわかる本』（PHP研究所、二〇一二年）がある。

中学の理科だと、けっこう難しくなる。物理と化学と生物と地学に分かれてくる。とりあえずは、岩本将志《いわもとまさし》の『中学理科が面白いほどわかる本』（KADOKAWA、二〇一八年）がいい。

池末翔太《いけすえしょうた》の『やさしくまるごと中学理科』（高山わたるイラスト、学研プラス、二〇一三年）も推薦する。

嬉しいことに、『やさしくまるごと中学理科』は、内容の動画授業をYouTubeで視聴することができる。

書籍を買うのはいやだが、動画だけ視聴したいのならば、無料動画配信学習サイトもある。今は、インターネットで小学校や中学の理科や算数や数学の講義のみならず、英語や社会の講義を発信しているサイト「19ch.tv 塾チャンネル」（https://19ch.tv/）がある。

葉一《はいち》というハンサムな青年が、無料で提供しているサイトだ。非常にわかりやすい講義だ。葉一さんには、『合格に導く最強の戦略を身につける！——一生の武器になる勉強法』（KADOKAWA、二〇一九年）という著書もある。

数学といえば、西成活裕《にしなりかつひろ》の『東大の先生！ 文系の私に超わかりやすく数学を教えてください！』（かんき出版、二〇一九年）がある。

このように独学用の理数系参考書は多い。義務教育の算数や数学や理科でつまずき、生涯、コンプレックスを抱き続けている人は、あなただけではないということが、わかるだろう。大人になってからでもいいから、理解したいと思っている人は多いのだ。

いまさら、小学校や中学校の教師の教え方の下手さ加減や熱意のなさについて、恨めしく思ってもしかたない。他人のせいにしてもしかたない。あなたが馬鹿なのが悪い。とはいえ、このまま小学校や中学校の理科さえ理解できないまま死んでいいはずがない。あなたは、今まで生きてきて、自分に特に理系の基礎学力がないことを、思い知らされることは多々あった。

あなたはもう自由だ。通いの緩い刑務所のような学校に通う必要もなく、テストを受ける必要もなく、他人にいちいち査定評価されなくなった。今こそ、気楽に学びなおす時期だ。

老年期まで生き抜いてきたあなたは、国語力もある程度はついている。教科書の日本語が理解できるようになっている。理科など、こんなに面白いものだったのかと驚くかもしれない。

前に、六〇代からパソコンを始め、独学でコンピュータープログラミングを学び、ゲームアプリを開発した若宮正子氏について言及した。若宮氏も、『独学のススメ――頑張らない！「定年後」の学び方10か条』（中公新書ラクレ、二〇一九年）の中で、理科を勉強しなおすことを薦めておられる。

独学の方法ばかりでなく、「やりたいこと」の見つけかたとか、退職後の友だちの見つけかたなども指南《しなん》してくださっている。

若宮氏は、高卒とはいえ、卒業高校は名門の東京教育大学附属高校（現・筑波大学付属高校）である。勤務先は三菱銀行（現・三菱ＵＦＪ銀行）だった。つまりは、もともとが優秀なのだ。

一九三五年生まれの女性で、東京教育大学付属高校から三菱銀行に就職し、定年まで勤め上げたというキャリアは、実質的にはエリートだ。

だから、あなたにとっては、「私なんかでは……」と敷居が高く感じられるかもしれない。それでも、『独学のススメ――頑張らない！「定年後」の学び方10か条』を読めば、確実に「学びなおし」への情熱はかきたてられる。

読みなおし

いまさら、義務教育の算数や数学や理科の学びなおしなどしたくもないし、理科などわからなくていいと思う方は、蔵書の読みなおしというのがいい。

あなたは記憶力もすこぶる悪いので、前に読んだ書籍の内容など忘れている。だから、読みなおしても退屈を感じることはまずない。

読みなおしてみれば、こんなことが書いてあったのかと新鮮に思うだろう。以前ならば、鋭いと感じた著者の筆致《ひっち》が、軽薄で思慮不足だと感じることもあるかもしれない。以前に読んだ本を読みなおすことは、その書籍を初めて読んだときからの自分自身の変化を知ることになる。自分が生きてきた時間を思い出すことにもなる。

蔵書の読みなおしはお金もかからない。いずれ、もっとあなたが老いたときには、いやでも蔵書の処分が必要になる。処分する前に、蔵書を全部読みなおせば、書籍の魂も喜んでくれるだろう。

今まで、あなたが書籍を処分したときに気持ちが悪くなったり、非常に疲れたり、頭痛がしたことはなかっただろうか。それは、あなたによって十分に読んでもらえなかった書籍たちの魂の悪戯《いたずら》だった。

物は、その物の機能を十全に働かせて、きちんとしっかり使い倒さなければいけない。それが物への敬意と愛情だ。

読みなおせば、あなたも、自分の書籍たちと気持ち良くお別れできる。感謝を込めて、さよならできる。

次世代に無責任にならないために新しい情報にもアクセスする

私が、ここで老年期に入ったあなたに、読書や情報収集をさらに継続し、学びなおしを提案するのは、そういう行為があなたを世界から切り離さないからでもある。あなたが情報を追いかけている間は、あなたは今と未来の社会に興味を持ち続けることができる。

私が、若い頃にたまに老人と接していて、「いやだなあ」と思ったことのひとつは、多くの老人が過去の中にばかり生き、今と未来に対して無関心であることだった。今と未来の問題に無関心であるということは、次世代に対しても無関心だということだ。

無関心は無知に通じ、無責任になる。自分は老いて死んでいくのだから、もうこの世界に関係ないし、自分はこの世界の問題から逃げ切ることができると思っている老人の無責任な姿勢の（無自覚な）冷酷さというものは、非常に浅ましい。

なんで浅ましいか？　この姿勢の背後にあるのは、もう自分は老人であり、この世界から消えるのだから、この世界から「取れる」ものがなくなるのだから、もうどうでもいいという発想だからだ。これは、あくまでも自分の利益のみ考える搾取的性向だ。

こういう心性の根源には、老いていくことへの寂しさとか不安や、次世代への嫉妬心や、それらがゴッチャになった復讐心のような感情があるのかもしれない。

しかし、何よりも、このような心性は無知の産物だ。自分の利益だけを考えれば自分の利益になると思う視野狭窄《しやきょうさく》の産物だ。なぜ視野狭窄に陥るかといえば、ほんとうの意味での教養がないからだ。

ほんとうの意味での教養とは、多くの人々の努力で支えられ維持されている世界に対する愛と責任を感じることだ。教養とは、他者の生に対する想像力を持つことだ。他者に対して自分ができることは惜しまず実行し、自分にできないことや、してはいけないことは抑制することだ。

今と未来の社会が豊かなものでなければ、社会の一員である自分の人生も豊かなものではありえない。と思えない想像力のなさの結果である「高齢者の次世代への冷酷な無責任さ」というものは、社会的地位の高い人々にも多く見受けられる。

ほんとうの教養というものは、学歴や社会的地位とは関係のないものらしいということは、すでに、あなたもよく知っているし経験したことだと思う。

私も、大学教員時代の上司などに、こうした実例の極端な例を見てきた。どこかで学ぶことを実質的にはやめてしまった元偏差値優等生の成れの果ての姿は醜かった。

この種の冷酷な浅ましい老人は、社会から人々から孤立せざるをえない。

思考が積極性能動性を失うと、人間は自分の中にのみ閉じこもる。他者に関心を持たない冷酷さは、結局はその冷酷な人間に返ってくる。

世界はどんどん変化している。技術もどんどん向上発展している。世界の動きに対する生き生きとした好奇心を持ち続けることは、あなたの精神や知力を活性化させてくれる。同時に、共にこの世界で生きている人々への共感も活性化させてくれる。

よく知られているように、曽野綾子氏は、老年期の過ごし方に関して多くのエッセイを発表している。そのなかの一冊の『晩年の美学を求めて』（朝日文庫、二〇〇九年）の中で、「私は心の老化度を、その人の心理的依存度で量《はか》っている」と書いている。

自分の心が老いているかどうかは、家族を含めて他人が自分にあれをしてくれない、これをしてくれないと思う頻度《ひんど》で決まるというのだ。

となると、政府があれをしてくれない、これをしてくれないと政権批判や官公庁役所批判の投稿がやたらとあふれるSNSなどは、心の老いた人ばかりが投稿しているということになる。

つまり近未来の日本は、与えることを知らない、もらいたがる老人が一層にはびこり、老人の起こす社会問題はさらに激増するかもしれない。

あなたはただでさえ馬鹿だから、これ以上、ほんとうの意味での教養に欠け、視野狭窄になり、浅ましくなる余地はない。今を理解し、未来を考えるためにも、勉強は続けよう。

たとえば、日経BP社編『日経テクノロジー展望2019　世界をつなぐ100の技術』（日経BP社、二〇一八年）などを読むことによって、今と未来の世界への好奇心を大いに刺激してもらい希望を持とう。

たとえば、この本で紹介されている先端技術のひとつとしてヴァーチャル・リアリティによる病状擬似体験ができる装置がある。高齢者住宅を運営するシルバーウッドが、認知症患者の視界を再現するプログラムを開発した。

この技術によって、空間認知能力に問題を持つ認知症患者の世界の見え方を再現できる。医療従事者が、認知症患者の世界の見え方を疑似体験できれば、患者への理解も深まり、患者への対処も変わる。

すごいことではないか。

ともかく、生きている間は生き生きと学び続けよう。

3・5 人生最後の課題としての死への準備

終活は断捨離から

さて、本書の最後では、自分の死に備えてしておくべきことについて確認する。

死ぬことは誰にとっても確実なので、自分の死についてできるだけの準備はしておきたい。「ケセラセラなるようになる」のは生きている間だけだ。自分が死んだ後の始末は自分ではできない。必ず、どうしても、誰か他人の手を煩わすことになる。申し訳ないので、生きている間に、あなたができる範囲で、あなたの死の準備をしよう。

子どもがいるので、自分の死後のことは子どもに丸投げできるから、何もしないと構えることができる冷酷な人は、それでいい。好きにしてください。

まず、あなたが死んだら、あなたの私物や所持品は、すべてゴミになる。

だから、いくら遅くとも七〇歳あたりから、じょじょに身辺整理は始める。物の処分が必要だ。七五歳あたりから身体の機能の衰えが急速になり、認知症の発症も増える。その前に断捨離作業を少しずつ毎日重ねてゆこう。

あなたはブスで馬鹿で貧乏ではあったが、自分でできることは自分でしてきた。それは、あなたが心に秘める数少ない誇りのひとつだと思う。たとえ孤独死と呼ばれるような死にかたであっても、住居をゴミの山にして、「特殊清掃人」さんたちに迷惑をかけるような生きかたはしたくないはずだ。

ひとつひとつ、じっくり取り掛かればできるので、まずは断捨離だ。

加えて、エンディングノートを作成しておくのは大事なことだ。預金通帳やキャッシュカードにデビットカードやクレジットカードの整理と、ＩＤやパスワードの記録もちゃんと作成しておこう。

自分の死後に連絡すべき人の名前と連絡先を書いたものを、目の付くところに掲げておくのがいい。あなたの死体を発見した他人に役に立つように。

お墓を生前から用意しておくのもいい。戒名も生前に依頼しておけば、自分の好みの戒名を選ぶこともできる。私は生前墓を作ってもらった。

反対に墓じまいをしたいなら、そうすればいい。樹木葬や集団葬の用意をしておくのもいい。

墓もいっさい無用で、遺体の灰を太平洋に撒《ま》いてもらうのもいい。死生観は、人それぞれだ。

高齢者施設はまだまだ発展途上

通常は、断捨離は引越し作業のときに同時にやることが多い。転居は否が応でも物の処分をせざるをえなくなる。だから高齢者施設に入居することに決めて、所持品の整理処分をしてもいい。

ただし、あなたが、その高齢者施設を最後の住処《すみか》としたいのならば、病院と高齢者施設は違うということを、何よりもちゃんとわかっていなければならない。

高齢者施設では医療を受けることができない。入院する場合は、施設によっては退所を求められる。そのような施設ではない場合も、施設の入居費用に加えて、病院の入院費に治療費と、二重の出費がかかる。

その高齢者施設が「看取《みと》り」をしてくれるかどうかも確認しなければならない。つまり、その施設で死んでもいいかどうかだ。

「看取り」をしてくれない施設だと、病院に担ぎ込まれて延命治療されてしまう。

入居費用の一時金が高く、毎月の負担費も高いような高級優良老人ホームだからと言って、いいものでもない。やはり、施設にも向き不向きの相性がある。だから、高齢者施設のサービスについてのインターネットでの評価などは、あてにならない。

各種の高齢者施設の差異や、介護業界の実態について知りたい人は、小嶋勝利《こじまかつとし》の『誰も書かなかった老人ホーム』（祥伝社新書、二〇一八年）を読むといい。

将来あなたがお世話になりおつきあいが深くなるかもしれない介護士の意識や感情を知りたいのならば、木下博之《きのしたひろゆき》の『プロフェッショナル介護人』（幻冬舎、二〇一八年）を読むといい。世間は、介護される人間のことは考えるが、介護士のことは考えていないように見える。

この『プロフェッショナル介護人』は、将来自分が家族や誰かを介護する場合に備えて読んでおくにもいい。

小嶋勝利氏によると、「一言で老人ホームといっても多種多様。わざとわかりにくい制度にしているのかと、思わず疑いたくなるのが現状です。今の老人ホーム群（特養、有料老人ホーム、サ高住など）は、その存在理由も役割も曖昧です。その上、ムダに多種多様なスキームが増大し、その結果、事業者も利用者も混乱している」そうだ。

特養というのは、特別養護老人ホームで、社会福祉法人が運営している老人ホームのこと。その設置については、国から助成金を受け取っているので、公的施設として位置づけられている。

介護付き有料老人ホームというのもある。住宅型有料老人ホームというのもある。サービス付き高齢者向け住宅というものもある。居住系高齢者施設というグループホームや、小規模多機能型居宅《きょたく》介護施設もある。

わけがわからない。これでは、確かに「事業者も利用者も混乱している」はずだ。これも、行き当たりばったりの政策の結果なのだろう。高齢者施設の建設運営にも、政治家や厚生労働省の利権がからんでいるのであろう。

高齢者施設の暮らしの具体的な様子が知りたい人は、同じく小嶋勝利の『老人ホーム　リアルな暮らし』（祥伝社新書、二〇一九年）を読もう。非常に具体的に書いてある。高齢者施設での朝起きてから寝るまでの暮らしの細部がイメージできる。

あなたが生活保護を受けているような最貧困者ならば、ソーシャルワーカーが公費で特養を探して入居させてくれるかもしれない。しかし、あなたは、まがりなりにも独立自尊で生きてきたのだから、最後の住処を選ぶ場合も、じっくりと自分で考えて決めよう。

ただし、このような高齢者施設でも不安はある。有料老人ホームでも株式会社が運営しているものもある。そのような場合は、経営母体の倒産により施設が閉鎖される場合もある。高い一時金を払って入居したのに、一時金は返済されなかったという事態も起きる。

どこまで行っても、リスクはつきものだ。日本における高齢者施設の数も質もまだまだ需要を満たせず、発展途上なのだ。

高齢者ひとり暮らしへの公的支援を活用する

看取りをしてくれる高齢者施設に入居しようと思っているあなたは、あなたに子どもがいる場合は、自分の介護をさせることで子どもに負担をかけたくないのだろう。子どもがいない場合は、老いて身体が不自由になっても、まだ生きている状態への不安から、施設入居を考えているのだろう。

しかし、自宅にいたいのならば、自宅にいていいのだ。ひとり暮らしで、病弱で身体に不自由があっても、大丈夫だ。住み慣れた自宅でひとり暮らしをすればいい。介護保険の活用による介護士とヘルパーの派遣依頼と訪問診療と訪問看護師の支援によって、それは可能だ。

六五歳以上の単身世帯は、当分の間は、どんどん増えていく。病院を高齢者のセイフティネットにすると医療費がかかり国家財政を圧迫する。高齢者施設の数や質を充実させるには時間がかかる。政府による補助金にも限界がある。

ということで、厚生労働省は、在宅医療を推進することにした。在宅医療と救急医療の連携も推進することにした。だから診療報酬や訪問介護報酬を上げることを二〇一二年に決定した。

高齢者は住み慣れた自宅に住み続ければいいのだ。私自身も、そうする。

あなたが老後のひとり暮らしについて大きな不安を抱えている場合は、奥野滋子《おくのしげこ》の

『ひとりで死ぬのだって大丈夫』(朝日新聞出版、二〇一四年)を読んでみよう。

上野千鶴子の『おひとりさまの最期』(朝日新聞出版、二〇一五年)も読んでみよう。

いや、この本は絶対に読んでいただきたい。

もちろん、前に紹介した朝日新聞迫る二〇二五ショック取材班の『日本で老いて死ぬということ――2025年、老人「医療・介護」崩壊で何が起こるか』もいい。

三国浩晃《みくにひろあき》の『おひとりさまで逝《い》こう――最期まで自分らしく』(弓立社、二〇一七年)も読んでみよう。

病気を抱えていても、身体が不自由でも、自宅で過ごすことは何とかできると思えるに違いない。

ひとりで死ぬことはいい、問題は死体の処理だ

たとえ、介護保険の活用による介護士とヘルパーの派遣依頼と訪問診療と訪問看護師の支援があっても、二四時間介護される施設とは違うのだから、孤独死はありえる。

しかし、孤独死の何が問題なのだろうか。ある人間が、独りぼっちで死んでいく場合

に、その人間が何を考え何を思って亡くなったのかはわからない。

ひとりで亡くなっても、幸福感に満ちて感謝して息をひきとったのかもしれない。家族に囲まれて亡くなっても、苦渋に満ちた気持ちであったのかもしれない。

私自身は自分がひとりで死ぬこと自体は怖くはない。惨めとも思わない。残っていく意識の中で、感謝して死ねると思う。

市川愛の『孤独死の作法』（ベスト新書、二〇一二年）を読んでみてください。私のような考え方が強がりでもなんでもないことが理解できるだろう。

この『孤独死の作法』は、助言が実に具体的だ。身元引受人や後見人の問題も取り上げていて、実に有益だ。『孤独死の作法』は、是非とも読んで欲しい。

問題は孤独死そのものではないのだ。死体がいつ発見されるか、なのだ。

死ねば肉体は生ゴミになるので腐敗する。それが困る。できれば死後数日以内に発見してもらいたい。

市川氏の『孤独死の作法』や上野氏の『おひとりさまの最期』は、どちらも友人のネットワークの重要性を指摘している。「今日は連絡がないわね、どうしたのかしら？」と心配してくれる友人知人がいれば、早めに遺体を発見してくれる。

近所づきあいも大事になってくる。しかし、都市部での昨今のマンションのような集合住宅では、隣人のことなど何も知らないのが普通だ。

たとえば、ホームセキュリティを提供するセコムやＡＬＳＯＫ（総合警備保障）は高齢者の見守りサービスを拡充している。

家電を提供するメーカーもいろんなセンサーを開発し、高齢者の見守りサービスに役立てようとしている。

たとえば、インターネットにつながった無線アダプタ内臓エアコンとエアコン内のセンサーで室内の温度と湿度をいつも測定し、人体の動きを検知する。このセンサーは呼吸による変化まで測定できる。何も検知できなくなったら、当該高齢者の身に何か異常が起きたということになるので、連絡が家族や親族や後見人に届くというわけだ。

新聞受けや郵便受けに新聞が溜まっている場合に、購読者があらかじめ登録しておいた近親者に連絡するサービスを提供している新聞社もある。東海地方の中日新聞社などがそうである。

死体をなるたけ早く発見するためのサービスは、今後はもっと充実するに違いない。需要は大いにあるのだから。

あまり友だち作りが得意ではないあなたでも、このサービスを利用すれば、早めに死体を発見してもらえる。

高齢化社会とは大量死社会だ。この大量死の中に孤独死はかなりを占めるだろう。繰り返すが、孤独死そのものは問題ではない。遺体の処理が問題なのだ。

孤独死の遺体がいつまでも放置されているのは、環境保全のためにも、人間の尊厳のためにもよくない。

死んだら終わりじゃないと思っていい

ここまでは、自分の死ぬ前の段階と死後の遺体の処理について書いてきた。死そのものについては書いてこなかった。

実は、死そのものについては、わからないので書きようがない。シェリー・ケーガンの『「死」とは何か　イェール大学で23年連続の人気講義』（柴田裕之訳、文響社、二〇一八年）を読んでもわからなかった。

池田晶子《いけだあきこ》の『死とは何か　さて死んだのは誰なのか』（毎日新聞社、二〇〇九年）を読んでもわからなかった。

人類が生まれて以来、歴史が始まって以来、人間は死について考えてきたのだろうが、誰も答えは出せていないようだ。

だから、まあ死が何かについて、わからなくていいのだろう。

私自身は、「死んだら終わり」だとは思っていない。とはいえ輪廻転生《りんねてんせい》を信じているわけでもない。J・L・ホイットンとJ・フィッシャーの『輪廻転生——驚くべき現代の神話』(片桐すみ子訳、人文書院、一九八九年)は読んだけれども。

どういうわけか、死んだら終わりじゃないと、物心つく頃から直感的に自然に私は思ってきた。私なりに不思議な体験をしたことがある。死者からのメッセージだなと感じたことがある。

でも、死んだら終わりなのかもしれない。そのときは、死んだら終わりで、何もかも消えてしまったと思う私の意識も存在しない。ならば、哀しみを感じることもないのだから、問題ない。

実は、死んだら終わりじゃないほうが恐ろしい。生きている間にしてきたことの結果が死後に出るのは怖い。

しかし、あなたも私も、低スペック女子なので、いいことは特にできなかったが、悪どいこともしてこなかった。

そもそも、悪どいことをするような知恵がない。

あなたも私も、利権をむさぼり公金を掠《かす》め取ってきた政治家でもなかった。年金原資を流用してきた年金官僚ほど悪辣《あくらつ》なことはしてこなかった。公害を垂れ流して平気な企業経営者でもなかった。人類を家畜化して世界支配を企む秘密結社のメンバーでもない。

小さな失敗や心無い言動は数知れないほどしでかしたが、大罪は犯していないはずだ。ブスで馬鹿で貧乏な低スペック女子は、他人への影響力が善きにつけ悪しきにつけ、小さい。まあ、その点は気楽だ。

ならば、死を怖がることもない。だから、元気よく晴れ晴れと、死という人生最後の大冒険に乗り出す準備をしよう。老年期もやることがいっぱいだ！

あとがき

この本は書くのに、五ヶ月かかった。もちろん毎日書いていたわけではない。体力も能力もないので、数日書いたら、数週間は休むといった調子だ。しかし、まさか五ヶ月もかかるとは思わなかった。

二〇一九年の二月一二日に、出版コンサルタントの尾崎全紀《おざきまさのり》氏から本を書いてみませんかとお話をいただいた。

尾崎氏は、私のブログ「アイン・ランドに関係ない藤森かよこのBlog」の記事を読んでくださっていた。尾崎さんとは面識はなくＳＮＳ上での知人だった。

尾崎氏は、サッサとＫＫベストセラーズの編集者である鈴木康成氏を紹介してくださった。

「私のような低スペック女子の人生論みたいなものなら書けると思う。一ヶ月ぐらいで書けると思う」と、私は尾崎氏に答えた。そうしたら、五ヶ月かかってしまった。

この五ヶ月の間に参議院議員選挙があった。尾崎氏は「ＮＨＫから国民を守る党」から大阪で立候補なさった。「ＮＨＫをぶっ壊す！」と言いながら忙しく選挙活動で走り回る尾崎氏の多忙さにつけこんで、私はいったんは提出した原稿を書きなおしさせていただいたりした。

私は、翻訳はしたことがあるし、論文もそこそこ書いてきた。アメリカ文学関連の共著の本も出版してきた。しかし、書籍一冊分の分量の文章を書くのは初めてであった。六六歳にして初めてであった。

本一冊分の分量の文章を書くというのは大変なことだった！

プロの書き手の人が、あれだけいっぱい本を出版できるのは、やはり才能が違うのだ。力量が違うのだ。

これからは、安易にひと様が書いた本について気軽に論評するのは、やめよう。

私に声をかけてくださった尾崎氏に感謝します。ありがとうございます。

ＫＫベストセラーズの編集者の鈴木康成氏に感謝します。ありがとうございます。

素敵な装幀をしてくださった大谷昌稔《おおたにまさとし》氏とカバーイラストを描いてくださった伊藤ハ

ムスターさんに感謝します。ありがとうございます。

素晴らしい「警告コメント」を書いてくださったジェーン・スーさんに感謝します。

ありがとうございます。


本書を書くことは、私にとっては、自分の人生をふりかえり、残り少なくなった人生をどう生きるかを考えさせる契機となってくれた。

二〇一八年一〇月に夫が腸閉塞で緊急入院し、大腸がんが見つかって以来、私は不安や疲労のためにストレスが溜まり、体調もすぐれない。

両親の死は経験し、それなりに愛別離苦《あいべつりく》については考えたことがあった。しかし、配偶者の大病や死の可能性に直面することは、親のそれらに直面することよりも、はるかに苦しく不安なことだ。

賃金労働生活から解放されて無職の日々をのんびり送っているうちに、私は迂闊にも錯覚してしまっていた。「おじいさんとおばあさんは、いつまでも幸せに暮らしましたとさ」的日々がずっと続くような気分でいた。

そんなはずはないのだ、やっぱり。

本書を書くという仕事をいただけなかったのならば、私は、その不安や恐怖から距離を置くことができなかったかもしれない。自分の死についても考えることを真剣にしなかったかもしれない。

本書で書いたように、私は、幸福感と感謝に満ちて死ねると思う。しかし、その前に消耗し尽くさねば。空っぽになるまで自分を使い倒さなければ。ぶっ倒れるまで生き切らなくては。

私の初めての単著を読んでくださった方々に、この場を借りてお礼を申し上げます。ありがとうございました！

二〇一九年秋

藤森かよこ

紹介文献リスト（紹介順）

長いまえがき

- 鈴木大介『最貧困女子』（幻冬舎新書、二〇一四）
- 本多静六『私の財産告白』（実業之日本社文庫、二〇一三）
- 上野千鶴子『女たちのサバイバル作戦』（文藝春秋、二〇一三）
- 田村麻美『ブスのマーケティング戦略』（文響社、二〇一八）

Part1 青春期（三七歳まで）

1・1 容貌は女の人生を決める

- 諸富祥彦『孤独であるためのレッスン』（NHKブックス、二〇〇一）
- 森博嗣『孤独の価値』（幻冬舎新書、二〇一四）
- 大田のりこ・河西保夫『プチ生活保護のススメ』（クラブハウス、二〇〇九）
- 中村淳彦・鈴木大介『貧困とセックス』（イースト新書、二〇一六）
- 鈴木涼美『「AV女優」の社会学　なぜ彼女たちは饒舌に自らを語るのか』（青土社、二〇一三）
- 水野敬也『顔ニモマケズ』（文響社、二〇一七）
- 齋藤薫『されど〝服〟で人生は変わる』（講談社、二〇〇九）

野宮真貴『おしゃれはほどほどでいい――「最高の私」は「最小の努力」で作る』(幻冬舎、二〇一七)
野宮真貴『赤い口紅があればいい――いつでもいちばん美人に見えるテクニック』(幻冬舎文庫、二〇一八)
野宮真貴・ジェーン・スー『美人になることに照れてはいけない』(幻冬舎plus+、二〇一七)
野宮真貴・ジェーン・スー『人生もお洒落も自分の舵を手放さない』(幻冬舎plus+、二〇一八)

1・2 仕事について

和田秀樹『年代別　医学的に正しい生き方　人生の未来予測図』(講談社現代新書、二〇一八)
エノ・シュミット・山森亮・堅田香緒里・山口純『お金のために働く必要がなくなったら、何をしますか?』(光文社新書、二〇一八)
森博嗣『「やりがいのある仕事」という幻想』(朝日新書、二〇一三)

1・3 自分に正直でいることの効用

副島隆彦・青木ヨシヒト『思想劇画　属国日本史 幕末編』(コスミック出版、二〇一九)
副島隆彦『属国・日本論』(五月書房、一九九七)
副島隆彦『[決定版]属国日本論　2つの帝国の狭間で』(PHP研究所、二〇一九)

1・4 セックスについて

ユヴァル・ノア・ハラリ『ホモ・デウス――テクノロジーとサピエンスの未来』上下巻(柴田裕之訳、河出書房新社、二〇一八)

エマニュエル・トッド『帝国以後——アメリカ・システムの崩壊』（石崎晴己訳、藤原書店、二〇〇三）
カール・ヒルティ『幸福論』上中下巻（草間平作訳、岩波文庫、一九六一）
ジェーン・スー『私たちがプロポーズされないのには、101の理由があってだな』（ポプラ社、二〇一三）
えらいてんちょう『しょぼ婚のすすめ——恋人と結婚してはいけません！』（KKベストセラーズ、二〇一九）

1・5 運のいい人間でいるために

池上正樹・加藤順子『あのとき、大川小学校で何が起きたのか』（青志社、二〇一二）
池上正樹・加藤順子『石巻市立大川小学校「事故検証委員会」を検証する』（ポプラ社、二〇一四）
リチャード・ロイド・パリー『津波の霊たち——3・11 死と生の物語』（濱野大道訳、早川書房、二〇一八）
マーチン・A・ラーソン『ニューソート——その系譜と現代的意義』（高橋和夫その他訳 日本教文社、一九九〇）
森博嗣『悲観する力』（幻冬舎新書、二〇一九）

1・6 学び続けること

モリー・グプティル・マニング『戦地の図書館——海を越えた一億四千万冊』（松尾恭子訳、東京創元社、二〇一六）

クリスティーン・ポラス『Think CIVILITY「礼儀正しさ」こそ最強の生存戦略である』(夏目大訳、東洋経済新報社、二〇一九)

Part2 中年期（六五歳まで）

2・1 中年期は苦しい

ジェーン・スー『貴様いつまで女子でいるつもりだ問題』(幻冬舎文庫、二〇一六)
ジェーン・スー『女の甲冑、着たり脱いだり毎日が戦なり。』(文春文庫、二〇一八)
ジェーン・スーその他『私がオバさんになったよ』(幻冬舎、二〇一九)
広瀬隆『日本近現代史入門——黒い人脈と金脈』(集英社インタナショナル、二〇一六)
神一行『閨閥——特権階級の盛衰の系譜』(角川文庫、二〇〇二)
菊地浩之『最新版　日本の15大財閥』(角川新書、二〇一九)
佐藤優『国家の罠——外務省のラスプーチンと呼ばれて』(新潮社、二〇〇五)
村木厚子『日本型組織の病を考える』(角川新書、二〇一八)
瀬木比呂志『絶望の裁判所』(講談社現代新書、二〇一四)
仙波敏郎『現職警官「裏金」内部告発』(講談社、二〇〇九)
吉田祐二『日銀——円の王権』(学習研究社、二〇〇九)

2・2 若さとの別離としての更年期

田中奈保美『おひとりさまの更年期——あなたを救う心と体の処方箋』(主婦の友社、二〇〇九)

- 吉木伸子『噂の女医がこっそり教える女の不調が消える本』（主婦の友社、二〇一六）
- 桜の花出版編集部『2018年版　国民のための名医ランキング――いざという時の頼れる医師ガイド　全国名医514人厳選』（桜の花出版、二〇一七）

2・3　生き直しとしての更年期

- ジャーメイン・グリア『更年期の真実』（寺澤恵美子&山本博子訳、パンドラ発行、現代書館発売、二〇〇五）
- ゲイル・シーヒー『ニュー・パッセージ新たなる航路――人生は45歳からが面白い』上下巻（田口佐紀子訳、徳間書店、一九九七）
- 副島隆彦『世界覇権国アメリカを動かす政治家と知識人たち』（講談社+α文庫、一九九九）
- アイン・ランド『肩をすくめるアトラス』（脇坂あゆみ訳、ビジネス社、二〇〇四）
- アイン・ランド『水源』（藤森かよこ訳、ビジネス社、二〇〇四）
- アイン・ランド『アンセム』（佐々木一郎訳、Evolving、二〇一九）
- アイン・ランド『われら生きるもの』（脇坂あゆみ訳、ビジネス社、二〇一二）
- 藤森かよこ「タダより高かった原発助成金」副島隆彦編著『放射能のタブー』（KKベストセラーズ、二〇一一）
- 藤森かよこ「教育とは洗脳である」副島隆彦編著『日本のタブー』（KKベストセラーズ、二〇一〇）
- トッド・ヘンリー『後悔せずにからっぽで死ね』（上原裕美子訳、サンマーク出版、二〇一五）

2・4 依存症について

クレイグ・ナッケン『「やめられない心」依存症の正体』（玉置悟訳、講談社+α文庫、二〇一四）

エドワード・J・カンツィアン・マーク＆J・アルバニーズ『人はなぜ依存症になるのか――自己治療としてのアディクション』（松本俊彦訳、星和書店、二〇一三）

ディミアン・トンプソン『依存症ビジネス――「廃人」製造会社の真実』（中里京子訳、ダイヤモンド社、二〇一四）

2・5 性欲について

シモーヌ・ド・ボーヴォワール『〔決定版〕第二の性』Ⅰ巻、Ⅱ巻〈上、下〉（『第二の性』を原文で読み直す会訳、新潮文庫、二〇〇一）

ハンナ・アーレント『全体主義の起源』全三巻（大久保和郎訳、みすず書房、二〇一七）

ハンナ・アーレント『エルサレムのアイヒマン――悪の陳腐さについての報告』新版（大久保和郎訳、みすず書房、二〇一七）

こだま『夫のちんぽが入らない』（扶桑社、二〇一七）

佐々木ののか「だから私は、家族と性愛」
https://note.mu/sasakinonoka/n/n031a741b8130

佐々木ののか「ユニークな遺伝子ください」
https://note.mu/sasakinonoka/n/n6e869cdc9eb3

佐々木ののか「新世紀家族、ビッグバン」
https://note.mu/sasakinonoka/n/nfb8c07979eb2

2・6　年下の人間との関わり方を学ぶ

紹介文献なし

2・7　お金について

- マックス・ヴェーバー『プロテスタンティズムの倫理と資本主義の精神』改訂版（大塚久雄訳、岩波文庫、一九八九）
- ジェイコブ・ソール『帳簿の世界史』（村井章子訳、文藝春秋社、二〇一五）
- トマス・J・スタンリー&ウイリアム・D・ダンコ『となりの億万長者――成功を生む七つの法則』（斎藤聖美訳、早川書房、一九九七）

2・8　さらに学び続ける

- エステル・フリードマン『フェミニズムの歴史と女性の未来』（安川悦子&西山恵美訳、明石書店、二〇〇五）
- 上野千鶴子『〈おんな〉の思想――私たちは、あなたを忘れない』（集英社、二〇一六）

Part 3　匍匐前進老年期

3・1　日本の現代と近未来は老人受難時代

- シモーヌ・ド・ボーヴォワール『老い』新装版上下巻（朝吹三吉訳、人文書院、二〇一三）
- ベティ・フリーダン『新しい女性の創造』（三浦富美子訳、大和書房、二〇〇四）
- ベティ・フリーダン『老いの泉』上下巻（山本博子&寺澤恵美子訳、西村書店、一九九五）

安川悦子・竹島伸生『「高齢者神話」の打破――現代エイジング研究の射程』（御茶の水書房、二〇〇二）
新郷由起『絶望老人』（宝島社、二〇一七）
新郷由起『老人たちの裏社会』（宝島社、二〇一五）
たくきよしみつ『医者には絶対書けない幸せな死に方』（講談社+α新書、二〇一八）
鈴木大介『老人喰い――高齢者を狙う詐欺の正体』（ちくま新書、二〇一五）
宝島編集部『お金と命を守る！特殊詐偽撃退』（宝島社、二〇一九）
和田秀樹『「高齢者差別」この愚かな社会』（詩想社新書、二〇一七）
朝日新聞迫る二〇二五ショック取材班『日本で老いて死ぬということ――2025年、老人「医療・介護」崩壊で何が起こるか』（朝日新聞社、二〇一六）

3・2 馬鹿ブス貧乏女の強みが発揮される老年期

若宮正子『60歳を過ぎると、人生はどんどんおもしろくなります。』（新潮社、二〇一七）
中野剛志『目からウロコが落ちる　奇跡の経済教室【基礎知識編】』（KKベストセラーズ、二〇一九）
中野剛志『全国民が読んだら歴史が変わる　奇跡の経済教室【戦略編】』（KKベストセラーズ、二〇一九）
高橋洋一『日本の「老後」の正体』（幻冬舎新書、二〇一九）
高橋洋一『「年金問題」は嘘ばかり　ダマされて損をしないための必須知識』（PHP新書、二〇一七）

- 荻原博子『年金だけで暮らせます　決定版・老後資産の守り方』（ＰＨＰ新書、二〇一九）
- 横山光昭『実はそんなに怖くない！ラクラク年金生活入門』（ディスカヴァー・トゥエンティワン、二〇一六）
- 松原惇子『老後ひとりぼっち』（ＳＢ新書、二〇一六）
- 上野千鶴子『おひとりさまの老後』（法研、二〇〇七）
- 榊原千鶴『烈女伝――勇気をくれる明治の8人』（三弥井書店、二〇一四）

3・3　身体メンテナンス

- 鈴木隆雄『超高齢社会の基礎知識』（講談社現代新書、二〇一二）
- 布施英利『人体　五億年の記憶――解剖学者・三木成夫の世界』（海鳴社、二〇一七）
- 『アポロニア21』二〇一七年一一月号「舌剥がしで呼吸、発語、摂食嚥下、姿勢を整える」日本歯科新聞社
- 間臼みき『歯科放浪記』（ほうけい出版、二〇一九）電子ブックのみ。
  https://houkeipub.booth.pm/
  http://note.mu/houkeipub
- 清水英寿『実践口腔内科　口の中から体調不良の原因を探る！』（現代書林、二〇一四）
- 礒谷圭秀『ひとりでできる礒谷療法――理にかなった整体』（たにぐち書店、二〇〇三）
- 礒谷圭秀『股関節の「内旋」が病気をつくりだす 40年来の腰痛 後縦靭帯骨化症 脳梗塞 変形性膝関節症 橋本病 前立腺がん』（現代書林、二〇一七）

3・4 勉強は死ぬまで死んでもする

小杉拓也『小学校6年分の算数が教えられるほどよくわかる』（ベレ出版、二〇一六）
小杉拓也『中学校3年分の数学が教えられるほどよくわかる』（ベレ出版、二〇一八）
森田和良『小学校理科の大事なところが7時間でわかる本』（PHP研究所、二〇一二）
岩本将志『中学理科が面白いほどわかる本』（KADOKAWA、二〇一八）
池末翔太『やさしくまるごと中学理科』（高山わたるイラスト、学研プラス、二〇一三）
「19ch.tv 塾チャンネル」（https://19ch.tv/）
葉一『合格に導く最強の戦略を身につける！――一生の武器になる勉強法』（KADOKAWA、二〇一九）
西成活裕『東大の先生！　文系の私に超わかりやすく数学をおしえてください！』（かんき出版、二〇一九）
若宮正子『独学のススメ――頑張らない！「定年後」の学び方10か条』（中公新書ラクレ、二〇一九）
曽野綾子『晩年の美学を求めて』（朝日文庫、二〇〇九）
日経BP社編『日経テクノロジー展望2019　世界をつなぐ100の技術』（日経BP社、二〇一八）

3・5 人生最後の課題としての死への準備

小嶋勝利『誰も書かなかった老人ホーム』（祥伝社新書、二〇一八）
木下博之『プロフェッショナル介護人』（幻冬舎、二〇一八）

●小嶋勝利『老人ホーム　リアルな暮らし』（祥伝社新書、二〇一九）
●奥野滋子『ひとりで死ぬのだって大丈夫』（朝日新聞出版、二〇一四）
●上野千鶴子『おひとりさまの最期』（朝日新聞出版、二〇一五）
●三国浩晃『おひとりさまで逝こう――最期まで自分らしく』（弓立社、二〇一七）
●市川愛『孤独死の作法』（ベスト新書、二〇一二）
●シェリー・ケーガン『「死」とは何か　イェール大学で23年連続の人気講義』（柴田裕之訳、文響社、二〇一八）
●池田晶子『死とは何か　さて死んだのは誰なのか』（毎日新聞社、二〇〇九）
●J・L・ホイットン、J・フィッシャー『輪廻転生――驚くべき現代の神話』（片桐すみ子訳、人文書店、一九八九）

装幀　大谷昌稔
装画　伊藤ハムスター
協力　尾崎全紀

［著者略歴］
藤森かよこ（ふじもり・かよこ）
1953年愛知県名古屋市生まれ。南山大学大学院文学研究科英米文学専攻博士課程満期退学。福山市立大学名誉教授で元桃山学院大学教授。元祖リバータリアン（超個人主義的自由主義）である、アメリカの国民的作家であり思想家のアイン・ランド研究の第一人者。アイン・ランドの大ベストセラー『水源』、『利己主義という気概』を翻訳刊行した。物事や現象の本質、または人間性の本質を鋭く突き、「孤独な人間がそれでも生きていくこと」への愛にあふれた直言が人気を呼んでいる。

馬鹿《ばか》ブス貧乏《びんぼう》で生《い》きるしかないあなたに
愛《あい》をこめて書《か》いたので読《よ》んでください。

2019年12月10日　初版第1刷発行
2020年10月 5 日　初版第4刷発行

著　者　藤森《ふじもり》かよこ
発行者　小川真輔
発行所　株式会社ベストセラーズ
〒171-0021　東京都豊島区西池袋5-26-19 陸王西池袋ビル4階
電話　03-5926-6081（編集）／03-5926-5322（販売）
印刷所　錦明印刷
製本所　フォーネット社
DTP　オノ・エーワン

 ISBN978-4-584-13954-7 C0095
定価はカバーに表示してあります。